# 相由心生

## 別讓外貌騙了你

萬劍聲 著

社交場合識人，講究的是「**快**」和「**準**」

容不得你細細品味、慢慢思考。

正所謂快人一步、勝人一籌。

**要迅速破譯對方的心理密碼，貴在見微知著。**

# 觀人於細，察人於形

有人說，世界上最善良的是人；也有人說，世界上最殘忍的是人；還有人說，世界上最不可理喻的也是人……，總之，對於人的看法，人們眾說紛紜。但是有一點大家是共識的，人是一種非常複雜的動物。

做爲群居社會中的一分子，一天當中的時間多半都在和形形色色的人打交道。這些人當中，有知心朋友，也有競爭對手，要想識別他們是非常不容易的。

可見，要跟人相處是頗費心思的。但是生活在這個社會上，不可避免而又別無選擇地要和各種各樣的人打交道。這就要求我們每個人必須具備一雙能看透人心的慧眼，儘量準確地判斷人、識別人，親近可交之人，遠離奸佞小人。

雖然人很複雜，但並不是說不可識別的。畢竟，世上任何事情都有蹤跡可循、有端倪可察，人也是一樣。看到別人眉開眼笑，我們知道這是內心高興的表現；看到對方義憤填膺、怒髮衝冠，我們知道這是對方發脾氣的前奏曲；看到對方說話吞吞吐吐、支支吾吾，可以想見其中必有隱情或不可告人的祕密；看到對方說話筆筒倒豆子——直來直去，可以知道對方是個爽快之人；一個人喜歡穿奇裝異服、打扮另類，可以瞭解到對方個性很強，喜歡獨樹一幟；一個人目光呆滯、神情冷漠，必是受了什麼打擊所致。總而言之，人的外在表現都是內心情感的一種流露，所謂「喜形於色」就是這個道理。只要你留心觀察，你就能練就「識人心」、「一眼看穿」的高超識人技巧。

一旦你具備了這樣的能力，你就能在周圍的環境中，識別出誰是可以改變你命運的貴人，誰將是阻礙你進步的小人，並讀出潛藏在他人內心的祕密，從而使自己在人際交往中做到遊刃有餘、八面玲瓏。

# 目錄

## PART 1 —根據外貌特徵識別對方

人也許可以控制自己的言談與舉止，但絕對控制不了自己的外貌。外貌正是人內心的外現，它能流露出比言行更為真實的資訊。如果你能讀懂對方的外貌，你就能瞭解對方的內心。


1 頭部動作折射出的心理資訊 014
2 從眼睛透視對方心靈 108
3 從眉毛形狀與動態看人 023
4 讀懂對方鼻子的「語言」 028
5 眼皮：容易洩露祕密的暗道 031
6 嘴部動作表現出的個性 033
7 從下巴的形狀與動作看人 035
8 頭髮所揭示出的性情 039
9 從氣質特徵識別對方 042

# 目錄
# CONTENTS


10 根據體型特徵觀察對方性格 046
11 識人先識臉，識臉先識形 054
12 觀人相貌，知其性格 058
13 從整體形象中感覺對方 061
14 十指連心，從手指動作看人 062
15 通過雙手動作看人 072
16 從走路的姿勢看人的性格 075
17 從腳的習慣動作識別內心 080
18 從坐姿判斷對方性格 083
19 從坐姿窺探對方心理動向 091
20 根據性格特點去識別對方 097
21 從性別差異認識男人和女人 100
22 從兄妹排行中分析人的性格 107

# 根據社交表現識別對方

PZRT 2

社交場合識人，講究的是「快」和「準」，容不得你細細品味、慢慢思考。正所謂快人一步、勝人一籌。要迅速破譯對方的心理密碼，貴在見微知著。


1 讀懂社交場中的「微笑」 110
2 根據第一印象識人 115
3 開場白太長的人，缺乏自信 122
4 主動當介紹人的人，喜歡自我表現 124
5 強求別人應邀的人，自私而虛榮 126
6 喜歡揭人隱私者的心理動機 128
7 如何識別對方謊言，並使之說出眞話 130
8 獲得對方好感的要點 137
9 如何識別花言巧語 142
10 客套話說的牽強者別有用心 145

目錄
CONTENTS

11 從對待工作的態度和責任心看人 147
12 從尷尬中看對方爲人 150
13 從面部表情識別同事心理 152
14 從行爲舉止識別同事心理 157
15 如何才能做上司的「心腹」 162
16 古代兵法中的選人術 170
17 如何快速識別下屬眞面目 174
18 如何看清小人眞面目 177
19 如何應對上司中的小人 181
20 如何應對同事中的小人 188
21 如何應對下屬中的小人 190
22 花心男人的識別方法 195
23 風流女人的細節特徵 200
24 男人有外遇的徵兆 203
25 女人有外遇的徵兆 207

# 根據外貌特徵識別對方

**P A R T 1**

人也許可以控制自己的言談與舉止，但絕對控制不了自己的外貌。
外貌正是人內心的外現，它能流露出比言行更為真實的資訊。
如果你能讀懂對方的外貌，
你就能瞭解對方的內心。

# 1 頭部動作折射出的心理資訊

頭是人體最重要的組成部分，通過觀察一個人的頭，能瞭解到很多的資訊，因爲從某種意義上說，頭就是心靈的指揮官。

首先是頭的形狀。科學家們對動物頭的形狀做過分析，結果發現，動物的性格與其頭部的寬窄有很大的聯繫，頭型寬的動物一般都很好鬥，而頭型窄的動物一般都比較溫順。美國心理學家還提出了這樣一種觀點：頭部越大、越飽滿的人，智商就可能越高。

下面我們就來破譯一些頭部動作的內涵：

將頭部垂下成低頭的姿態，它的基本資訊是：「我在你面前壓低我自己」，但這不限於居下位的人。當同事或居上位者做此動作時，它的資訊乃是以消極的方式表達：「我不會只認定我自己」，然後變成這樣的資訊：「我是友善的。」

頭部猛然上揚，然後回復通常的姿態。這動作時機是剛剛遇見，但還不十分接近的時候，它表示：「我很驚訝會見到你」。在這裡，驚訝是關鍵性的要素，頭部上揚代表吃驚的反應。用於距離較遠的時候，頭部上揚是用在彼此非常熟悉的場合。其時機是當某人突然明瞭某事物的要旨而驚歎，「哦!是的，那當然」的一剎那。

搖頭本質上是否定信號。

頸部把頭猛力轉向一側，再使它回復中立的位置，這是單側的搖頭，同樣傳遞「不」的資訊。頭部半轉半傾斜向一側，是一項友善的表示，彷彿是同路人的打招呼，傳遞的資訊是：「你與我之間，這蠻好的!」

搖晃頭部時，說話者正在說謊，而且試圖壓抑住要表示否定的搖頭動作，但又不能徹底。

晃動頭部，常被用來表示驚奇或震驚。其中隱含剛得知的消息是那麼不尋常，以至於必須晃動頭部，才能確信這不是做夢。

頭部僵直，表示說話者是如此的有分量且毫不懼怕，就算什麼東西在身側摔破，都不屑一顧。

頸部使頭部從感興趣之點往側面方向移開。這基本上就是一項保護性的動作，或把臉部移開，以回避對身體有威脅的事物，在特殊情況下，這個動作可藉著掩飾臉部而隱藏自己的身份。

頸部驅使頭部向前伸，並朝向感興趣的方向。這個動作既可滿懷愛意，也可滿懷恨意。

前一種情況是：兩個相愛的人，伸長脖子深情專注地凝視對方的眼睛；後一種情況則像兩個冤家伸長脖子、探出頭部，以表示他們不畏懼對方，而且瞪視對方，如同洞察對方的眼睛；第三種情況則出現在某人渴望吸引你全部的注意力之時，因此他會探出他的臉，以阻擋你去看其他任何可能吸引你的東西。

頭部從興趣之源縮回。這是回避的動作。

突然把頭低下以隱藏臉部，也可用來表示謙卑與害羞。在心懷敵意的情況下，把頭低下則具有全然不同的意義，表示頭部有緊迫的負荷，在這種情況下，其主要差異在於眼睛向前瞪視敵人，而不是隨著臉部而下垂。

抬頭是有意投入的行爲。下屬進入上司的辦公室，站在上司面前，注意到上司的頭正低著在桌上寫東西。如果他對眼前的人物有畏怯之感，那麼他會靜靜地站在那裡，直到上司把頭抬起來看他，這麼簡單的動作，就足以促使下屬開口講話。

頭部後仰，這是勢利小人或非常自信之人鼻子朝天的姿態。一個人會把頭部後仰，其情緒變化包括：從沾沾自喜、桀驁不馴到自認優越而存心違抗。基本上，這種姿態是挑釁的仰視，而不是溫順的仰視。

頭部歪斜，這個動作源自幼時舒適的依偎——小孩把他的頭部依靠在父母的身上，當成年人（通常是女性）把頭歪斜一側時，此情此景就像倚在想像中的保護者身上一樣，如果這個動作是用於玩弄風情，那麼頭部歪斜便有假裝天真無邪或故意賣俏的意味，即表示在你的手中，我只是一個小孩，我喜歡把頭靠在你的肩上。

頭部低垂，表示動作者深覺厭倦。

# 2 從眼睛透視對方心靈

眼睛是心靈的窗戶，眼睛裡隱藏著內心的諸多祕密，要在最短的時間內看透對方心理，不妨先從眼睛開始解讀對方。

## 1深眼睛

如果一個人眼睛嵌在臉龐的後方，四周有強而有力的眉毛和高高的額骨包圍，表示這個人性喜探究，彷彿周遭的一切都經常處在一面放大鏡之下。其擅長區分極細的細節，可以偵測出一個人個性中的小缺陷。就因爲這個原因，這個人十分挑剔，除非相當特別的人，否則很難進入他的生活中。

## 2兩眼相近

這樣的人是那種在某一方面能夠取得相當成就，但又因爲在另一方面未得到他人認同而沮喪萬分的人。他一直認爲自己總是在最好的時機上，做了錯誤的選擇。不過，他卻又馬上指出，這絕大部分是因爲別人給了自己不適當的建議。在他心中，自己懷疑每一個人。事實上，他的疑心病嚴重到連對待自己都小心翼翼。

### 3兩眼分得很開

這個人很有良心，凡事替別人著想，對人生看得很開。雖然他朝著自己的目標前進，但並不因此而盲目，也不因此局限了自己的視野。他樂於幫助他人，一點也不嫉妒別人。受其幫助的人，經常問他該如何回報。那些人並不知道，讓這個人幫助他們，便是他們給他的最大回報。

### 4眼皮沉重

這樣的人就像小狗一樣可愛。想睡覺的眼睛也是這個模樣，因此，睡覺成爲他離開人群最好的藉口，因爲沉重的眼皮，看起來就像只能上床睡覺。不需多說，這人說話必是輕聲細語，行事輕鬆自在，但保守退縮。

### 5大眼睛

這樣的人的眼睛清澈明亮，反射出一種永遠好奇的模樣。他喜歡嘗試任何事情，即使某件從前做過許多次的事，讓其做來都彷彿從沒做過一般。睡覺是少數幾件令其憎恨的事，因爲他討厭閉上眼睛，即使只閉上一秒鐘，他也老大不願意，因爲他怕錯過某樣東西。

### 6彎眉毛

他的個性並不武斷，但他是個夢想家，喜歡沉浸在輕柔而超現實的優美色彩中。這樣的人家裡，到處都是活潑的抽象造型，和極富原創力的設計，而且他樂於在家中招待一群經常往來的藝術界朋友。他可能有點善變，不過永遠熱情洋溢。

**7直眉毛、眉眼相距遠**

這樣的人很大膽，而且能夠一眼看穿任何男人或女人。他灼熱的眼神很容易便能夠穿透、甚至粉碎大多數人的保護網。他喜歡證明自己有權威，而且經常這麼做，他時常不說一句話，卻以冰冷、可以洞悉一切的眼神，凝視著自己的對手。他有一顆深思熟慮和邏輯性強的心。

**8皺眉型**

他對任何事都深思熟慮，是個足智多謀、深謀遠慮的人，總是靜悄悄地退在一旁，並從各種可能的角度去研究事情。在得到任何結論之前，他反覆考慮所有可能性。雖然他那深思熟慮的舉止，看起來不積極，不過認識他的人，都知道不要去打擾他的思緒，以免惹他生氣。

**9眼睛上揚**

眼睛上揚，是假裝無辜的表情，這種動作是強調自己確實無罪似的。目光炯炯望人時，上睫毛極力往上壓，幾乎與下垂的眉毛重合，造成一種令人難忘的表情，傳達某種驚怒的心緒，斜眼瞟人，則是偷偷地看人一眼而不願被發覺的動作，傳達的是羞怯靦腆的資訊，這種動作等於是在說：「我太害怕，不敢正視你，但又忍不住地想看你。」

## 10 眨眼

眨眼的變型包括連眨、超眨、睫毛振動、擠眼睛等。連眨發生於快要哭的時候，代表一種極力抑制的心情。超眨的動作單純而誇張，眨的速度較慢，幅度卻較大，眨的人好像在說：「我不敢相信我的眼睛，所以大大地眨一下，以擦亮它們，確定我所看到的是事實。」睫毛振動時，眼睛和連眨一樣迅速開閉，是種賣弄花俏的誇張動作，好像在說：「你可不能欺騙小小的我哦！」

## 11 擠眼睛

擠眼睛是用一隻眼睛使眼色，表示兩人間的某種默契，它所傳達的資訊是：「你和我此刻所擁有的祕密，任何其他人無從得知。」在社交場合中，兩個朋友間擠眼睛，是表示他們對某項主題有共通的感受或看法，比場中其他人都接近。兩個陌生人間若擠眼睛，則無論如何，都有強烈的挑逗意味。由於擠眼睛意含兩人間存有不足爲外人道的默契，自然會使第三者產生被疏遠的感覺。因此，不管是偷偷或公然的，這種舉動都被一些重禮貌的人視爲失態。

## (12) 眼球轉動

眼球向左上方運動，回憶以前見過的事物；眼球向右上方運動，想像以前見過的事物；眼球向左下方運動，心靈自言自語；眼球向右下方運動，感覺自己的身體；眼球左或右平視，弄懂聽到語言的意義；正視，代表莊重；斜視，代表輕蔑；仰視，代表思索；俯視，代表羞澀；閉目，思考或不耐煩；目光游離，代表焦急或不感興趣；瞳孔放大，興奮、積極；瞳孔收縮，生氣、消極。

# 3 從眉毛形狀與動態看人

眉毛位於兩隻眼睛之上，就像一對親兄弟，因此，眉毛長得是否對稱，容易讓人聯想到兄弟是否和睦，與人的關係是否融洽。一個人眉毛長得是否對稱，與他性格和能力有一定的關係。古人經常根據眉毛的長短，來判斷人的壽命的長短，這是很難加以論證的，雖然我們不可拘泥於此，但這也從另一個側面反映了通過觀察眉毛，我們能得到更多的資訊。

所謂粗眉毛，就是人們常說的濃眉毛。包括濃眉毛在內的各種各樣的人，從性格上可以分成「積極型」和「消極型」兩大類。濃眉毛的人屬於「積極型」，給人留下的印象的確是個性很強。與此相對，細眉毛的人給人留下的印象往往相反。

從日常觀察中，我們會看到這種現象，多數男性的眉毛是直線，直線型與前面所說的濃眉毛一樣，也屬於積極型。那麼，那些長著近似於女性的曲線型眉毛的男性的性格又是怎樣的呢？他們大多是具有女人的氣質。道理雖然如此，但是，現在有了能使淡細的眉毛變得又粗又濃的荷爾蒙激素、「眉毛促生藥」，還有所謂的「物理療法」——有人說，早晨和晚上把唾液塗到眉毛上，然後輕輕地按摩，就會使眉毛變濃。由於上述種種後天的人為的因素，能改變人的眉毛的形態，我們只有在人們尚未採取上述種種人爲的措施前，來研究眉毛與性格的關係，才能得出準確的結論，否則難免出現謬誤，因而我們不要過分注重眉毛，但也絕不可以忽視眉毛的作用。

對眉毛的要求有四個方面，即「清秀油光」、「疏爽有氣」、「彎長有勢」、「昂揚有神」，也就是說，眉毛應該有光、有氣、有勢、有神。在這四個方面，清秀油光顯得最爲重要。一個人的眉毛如果能夠油光閃亮，就像珠寶那樣熠熠生輝、價值連城；如果暗淡無光，就像珠寶黯然失色，可能就一錢不值了。

眉毛有光亮，顯示這個人的生命力比較旺盛。通常的情況是這樣：年輕人的眉毛都比較光潤明亮，老年人的眉毛往往比較乾枯、缺乏光彩。這就是因爲年輕人生命力旺盛，而老年人的生命力開始衰退。

眉毛的光亮可以分爲三層：眉頭是第一層，眉中是第二層，眉尾是第三層。層數越多，等級越高，給人的印象越好，得到他人的提攜越多，成功的可能性越大。因此人們認爲眉毛有光亮的人，運氣特別好。

眉毛有氣象、有起伏，給人一種文明高雅的感覺。眉毛短促而有神氣，也給人一種氣勢。如果眉毛太長而缺乏起伏，就像一把直挺挺的劍，就會讓人覺得過於直白。這種人的脾氣比較火爆，喜歡爭強好勝，一輩子都是自己把自己攪得不得安寧。如果眉毛太短，甚至露出了眉骨，又缺乏應有的生氣，就會給人一種單薄的印象。這種人讓人感到不舒服，有人無端地就跟這樣的人過不去。

眉毛長而有勢的人會成功，正如古人所說的「一望有乘風翱翔之勢」。可以這樣說，這種眉毛具備了光亮、疏朗、氣勢和昂揚的優點，給人留下一種很好的印象。人們認爲，這種人把「立德、立功、立言」三不朽全占了。一個人即使只有其中一項，也會叫人刮目相看，而三項都占的人自然容易成功。所以，在觀察一個人的時候，觀察他的眉毛是非常必要的，尤其是在眉毛運動的時候，下面讓我們具體分析一下，這時把握一個人的心理是有幫助的。

皺眉所代表的心情可能有好多種，例如：驚奇、錯愕、詫異、快樂、懷疑、否定、無知、傲慢、希望、疑惑、不瞭解、憤怒和恐懼。要確實瞭解其意義，只有回頭去看它的原因。

一個深皺眉頭憂慮的人，基本上是想逃離他目前的處境，卻因某些原因不能如此這麼做。一個大笑而皺眉的人，其實心中也有輕微的驚訝成分。

兩條眉毛一條降低、一條上揚。它所傳達的資訊介於揚眉與低眉之間，半邊臉顯得激越、半邊臉顯得恐懼。眉毛斜挑的人，心情通常處於懷疑狀態，揚起的那條眉毛就像是提出一個問號。

眉毛打結。指眉毛同時上揚及相互趨近，和眉毛斜挑一樣。

這種表情通常表示嚴重的煩惱和憂鬱，有些慢性疼痛的患者也會如此。急性的劇痛產生的是低眉而面孔扭曲的反應，較和緩的慢性疼痛才產生眉毛打結的現象。

在某些情況下，眉毛的內側端會拉得比外側端高，而成吊客眉似的誇張表情，一般人如果心中並不那麼悲痛的話，是很難勉強做到的。眉毛先上揚，然後在幾分之一秒的瞬間內再下降，這種向上閃動的短捷動作，是看到其他人出現時的友善表示。它通常會伴著揚頭和微笑，但也可能自行發生。尾毛閃動也經常於一般對話裡，做爲加強語氣之用。每當說話時要強調某一個字時，眉毛就會揚起並瞬即落下。像是不斷在強調：「我說的這些都是很驚人的！」

眉毛連閃，是表示「哈囉！」連續連閃就等於在說：「哈囉！哈囉！哈囉！」如果前者是在說話的話，大多數人講到要點時，會不斷聳起眉毛，那些習慣性的抱怨者，絮絮叨叨時就會這樣。

眉毛的變化豐富多彩，心理學家指出，眉毛有二十多種動態，分別表示不同心態。

與眉毛相關的動作主要有：

1雙眉上揚，表示非常欣喜或極度驚訝。

2單眉上揚，表示不理解、有疑問。

3皺起眉頭，要麼是對方陷入困境，要麼是拒絕、不贊成。

4眉毛迅速向上活動，說明心情愉快，內心贊同或對你表示親切。

5眉毛倒豎、眉角下拉，說明對方極端憤怒或異常氣惱。

6眉毛的完全抬高，表示「難以置信」。

7半抬高表示「大吃一驚」。

8正常表示「不做評論」。

9半放低表示「大惑不解」。

10全部降下表示「怒不可遏」。

11眉頭緊鎖，表示這是個內心憂慮或猶豫不決的人。

12眉梢上揚，表示是個喜形於色的人。

13眉心舒展，表明其人心情坦然、愉快。

# 4 讀懂對方鼻子的「語言」

人的鼻子有沒有身體語言，學者們看法不一，有人說有，有人說沒有。

最近，有位研究身體語言的學者，爲了弄清這個「鼻子」的「語言」問題，專門做了一次觀察「鼻語」的旅行。他去車站觀察，在碼頭觀察，到機場觀察。他旅行了一個星期，觀察了一個星期。由此得出了這樣的結論：人的鼻子是會動的，因此，是有身體語言的器官。他說，根據他的觀察，在有異味和香味刺激時，鼻孔有明顯的張縮動作，嚴重時，整個鼻體會微微地顫動，接下來往往就出現「打噴嚏」現象。他認爲，這些「動作」，都是在發射資訊。此外，據他觀察，凡是高鼻樑的人，多少都有某種優越感，表現出「挺著鼻樑」的傲慢態度。關於這一點，有些影視界的女明星表現得最爲明顯。他說，在旅途中，與這類「挺著鼻樑」的人打交道，比跟低鼻樑的人打交道要難一些。

人的五官中，鼻子和耳朵是最缺乏活動的部位。因此，很難從觀察靜態的鼻子讀出對方的心理。但是鼻子也有自己的「語言」，諸位讀者不妨從對方鼻子細微的語言中，試著「看」透對方的心理。

## 1 鼻子脹大

在談話中，對方的鼻子稍微脹大時，多半表示對您有所得意或不滿，或情感有所抑制。

通常人的鼻子脹大，是表現憤怒或者恐懼，因爲在興奮或緊張的狀態中，呼吸和心律跳動會加速，所以會產生鼻孔擴大的現象。因此，「呼吸很急促」一語所代表的，是一種得意狀態或興奮現象。

至於對方鼻子有擴大的變化，究竟是因爲得意而意氣昂揚，還是因爲抑制不滿及憤怒的情緒所致?這就要從談話對象的其他各種反應來判斷了。

## 2 鼻頭冒汗

有時這只是對方個人的毛病，但平日沒有這種毛病的人，一旦鼻頭冒出汗珠時，應該說就是對方心理焦躁或緊張的表現。如果對方是重要的交易對手時，必然是急於達成協定，無論如何一定要完成這個交易的情緒表現，因爲他唯恐交易一旦失敗，自己便失去機會，或招致極大的不利，就使心情焦急緊張，而陷入一種自縛的狀態。因爲緊張，鼻頭才有發汗的現象。

而且，緊張時並非只有鼻頭會冒汗，有時腋下等處也會有冒汗的現象。沒利害關係的對方，產生這種狀態時，要不是他心有愧意，受良心譴責，就是爲隱瞞祕密而緊張所引起的。

### 3 鼻子變色

鼻子的顏色並不經常發生變化，但是如果鼻子整個泛白，就顯示對方的心情一定畏縮不前。如果是交易的對手，或無利害關係的對方，便不要緊，多半是他躊躇、猶豫的心情所致。例如：交易時不知是否應提出條件，或提出借款而猶豫不決時的狀態。

有時，這類情況也會出現在向女子提出愛情的告白卻慘遭拒絕時。自尊心受損、心中困惑、有點罪惡感、尷尬不安時，才會使鼻子泛白。

上述的鼻子動作或表情極爲少見，而平常人更不會去注意這些變化。但如想知人知面知心，就必須詳加注意人的鼻子各種各樣微妙的語言，並加以配合，以快速看透對方心理。

# 5 眼皮：容易洩露祕密的暗道

眼皮雖然是很小的一部分，但能夠反映一個人的某些心理，所以，我們可以通過一個人的眼皮來初步地瞭解他。

眼皮能說明什麼問題呢？

從進化論的角度來看，上眼皮皮下脂肪豐厚的單眼皮，比上眼皮皮下脂肪單薄的雙眼皮進化程度更高。總的來講，眼皮主要擔負著保護眼睛的作用。單眼皮是爲了更有效地發揮這個作用而進化來的。研究表明，單眼皮的人冷靜，有邏輯性，觀察力和集中力均優，思慮深，意志堅強，性格消極，沉默寡言，做事細心、謹慎，雖有持續力，但個性頑固。而雙眼皮的人知覺性強，感情豐富，熱情明朗，順應性和協調性優異，行動積極敏捷。

從下眼皮可以發現過度疲勞的痕跡。把獲得充分睡眠的人和睡眠不足的人進行一下比較，就會發現，睡眠不足的人下眼瞼周邊呈現黑色，形成了黑眼圈。過度疲勞、淫樂無度、病魔纏身、鬱悶苦惱等，也會引起此一徵候。當然，一般來講，下眼瞼周邊會隨著年齡的增長，相應地出現眼袋、皺紋、垂腫等現象。

當我們見到電視新聞播音員、有涵養的夫人、良家子弟、大家閨秀及被稱爲「裝飾櫥窗」的濃妝豔抹的女士時，未必能從他們的臉上窺到有關其性格等方面的資訊，因爲許多人都將臉掩飾了起來，或是將臉做爲與社會接觸的廣告，但他的眼皮卻在不經意間洩露了他心裡的祕密。

# 6 嘴部動作體現出的個性

人嘴部的動作是很豐富的，這些豐富的嘴部動作，從某種程度上可以折射出一個人的性格特徵和心理態度。

人的下嘴唇往前撇的時候，表明他對接受到的外界資訊，持不相信的懷疑態度，並且希望能夠得到肯定的回答。

人的嘴唇往前噘的時候，表明此人的心裡可能正處在某種防禦狀態。

在與人交談中，如果其中有人嘴唇的兩端稍稍有些向後，表明他正在集中注意力聽其他人的談話。

嘴角稍稍有些向上，這種人看起來很機靈或是活潑，而實際上他們的性格大多也是比較外向的，心胸比較寬闊、比較豁達，與人能夠很好地相處，不固執。

在與人交談時，用上牙齒咬住下嘴唇，或是用下牙齒咬住上嘴唇以及雙唇緊閉，這多表示一個人正用心地聽另外一個人的講話，他可能是在心裡仔細地分析對方所說的話，也可能是在認真地反省自己。

口齒不清、說話比較遲鈍的人，可以分不同的情況來討論：一種人是不僅在說話方面表現得不夠出色，在其他各個方面的表現也都是相當平庸的，這樣的人若想獲得很大的成就，可謂是不易。

說話時用手掩嘴，說明這個人的性格比較內向和保守，經常害羞，不會將自己輕易地或過多地呈現在他人面前。用手掩嘴這個動作另外一個意思，還表明可能是自己做錯了某一件事情，而進行自我掩飾，張嘴伸舌頭也有這方面的意思，但也不表示後悔。

在關鍵時刻，將嘴抿成「一」字形的人，一般比較堅強，有股不達目的、誓不甘休的頑強韌性。這樣的人對某一件事情，一旦自己決定要做，不管其中要付出多少艱辛，都會非常出色和圓滿地完成。

# 7 從下巴的形狀與動作看人

下巴是一個人五官中最不引人注目的地方，但下巴的動作極為細膩，能左右他人的印象，因此，從一個人的下巴可以看出一個人的性格。

**1尖下巴**。這種人性格外向，爭強好勝，過於驕傲，優越感、自尊心強，常帶否定性的眼光或敵意的目光看人。

**2圓下巴**。這種人性格保守，不思進取，疑心病很重，容易封閉自己，不易相信他人。

**3方下巴**。這種人做事多比較小心和謹慎，能夠很好地完成某一件事。但這種人多比較封閉和保守，而且疑心很重，在一般情況下不會輕易地相信別人。

**4胖下巴**。這種人性格外向，心高氣傲，具有強烈的優越感，且自尊心很強，他們常常會否定別人，對別人所取得的成績持不屑一顧的態度。

對第一次見面的人，如果你想對他有所瞭解，比如看穿他當時的心思，只要觀察一下他的下巴，就可知道個八九不離十了。

下巴的動作雖然極為細膩，但卻能左右他人的印象。站在鏡子前，將下巴抬高或縮起，會產生不同的判別印象，下巴抬高時，胸部及腹部都會突出，有驕恃、自大的樣子；反之將下巴縮起，稍似駝背，個性上顯得很懦弱、氣餒，若此時觀察對方，將會發現其眼球向上翻滾，彷彿懷疑心重。

我們可從各種場合注意對方下巴的角度。

第一、下巴抬高，此人十分驕傲，優越感、自尊心強。他們常常會否定別人，對別人所取得的成績，持不屑一顧的態度。

第二、下巴縮起，此人小心謹慎，能夠很好地完成某一件事，但這種人疑心病很重，容易封閉自己，不易相信他人。

從上面的文字敘述中，我們已經看出，人的個性和心理，往往反映在他們的下巴上。下面我們將進一步討論有關下巴的功能和語言學上的問題。

當然不能單獨看下巴，還要把下巴做爲下顎的主宰而觀察整個下顎。下顎就人類或動物而言，乃擔任發聲或咀嚼的器官，從外形上看來，男性多帶有稍許稜角的下顎與顴骨。實際上，下顎形態的男女差別具有相當的決定性，所以，男人不論如何改裝成女人，其下顎也無法矇騙人們的眼睛。而且，下顎也決定了聲音的性質。譬如：電視、電影的幕後配音者，何人擔任哪一角色的配音工作，據說也是取決於下顎的形態。

此種人類與生具備的下顎形態，乃是用以推測某人的一般傾向之手段，譬如：「擁有意志堅強的下顎者」，或是「尖細的下顎表示神經質」之類。爲探討對方現在想些什麼、想要表達什麼時，單憑下顎的外觀形狀是不夠的。唯有留意下顎的動作，才能解讀身體言語上的意思。

提及下顎的動作，我們最容易注意到的，即是「突出」、「收縮」的動作。處於極度疲乏的狀態，一般人便會做出「伸長下顎」的動作；除了此種由於肉體上的要求而表現出來的姿態以外，「突出下顎」的動作，一般而言，不論男女，均屬具有攻擊性的行爲，可視爲一種想表示「撲向前去狠揍一頓」意圖的動作。迪斯蒙得．摩里斯曾經說明：「突出的部位，表示帶有意圖侵略對方勢力範圍的性格」。下顎的突出亦復相同，乃是用來做爲自我主張的工具。因此，突出的程度越大，其自我主張的程度也就越高。譬如：「頤指氣使」之類的表現，採取此種動作，也是自認對方屬下輩或自己很明顯地處於優勢，且很有把握自我主張必然完全推行時，所表現出來的身體語言。外國人在發怒時，經常將下顎伸向前方，這也可視爲想將其憤怒情感扔向對方的一種攻擊欲求的表現。

另外，下顎突出不明顯的男性，乃是欠缺自我主張之人，此種說法也是源自同一的論點。

像此種由下顎的突出以表現的自我主張，利用不同形狀而表現出來者，即是「絡腮鬍」。鬍子也是使下顎更加突出、以表現自我主張的象徵。在我們身邊想必也有不少蓄留鬍鬚的人，但是一旦跟他深入交往，很意外地可以發現這種人多半屬於懦弱，缺乏個性的人。此種類型的人，即是想將他在語言、態度上不能表現自我主張的部分，用蓄鬍鬚的行爲得到補償。

除了此種下顎本身的動作之外，尙有利用手之類接觸下顎的動作。

「撫弄下顎」的行爲，因應各種狀況而有種種不同的意義。從身體學的觀點而言，此屬於自我親密性的表現。亦即，喪失自信、不安、孤獨、話不投機的尷尬等場面，藉接觸自己的肉體，以掩飾心態，安慰自己。

# 8 頭髮所揭示出的性情

科學研究發現，頭髮同人體的其他組織或器官一樣，也需要營養，並且所需的營養物質種類有幾十種之多。因爲頭髮所需的營養，全部來自頭部的血液循環，所以頭髮過長，所消耗的營養勢必就多，大腦的正常生理活動就會受到影響。俗話說：「頭髮長，見識短。」這句話還是有一定道理的。從另一個方面來講，根據每個人的髮質不同，也能看出其性格來。

1 **頭髮像鋼絲，又粗又硬，而且還很濃密的人**。這樣的人性格內向，脾氣暴躁，疑心比較重，不會輕而易舉地相信別人。他們最相信的就是自己，所以凡事都要自己動手，操縱和掌握一切，才覺得放心。他們做事很有些魄力，而且組織能力也比較強，具有一定的領導才能。這一類型的人，理性的成分要大大地多於感性，所以在涉及感情方面的問題時，往往會顯得很笨拙。

2 **頭髮很粗，但色澤淡，而且質地堅硬、很稀疏的人**。這一類型的人性格外向，有虛榮心，自我意識極強，剛愎自用，聽不進別人半句話，他們不甘心被人領導，追求身心自由，但卻渴望能夠駕馭別人、使喚別人，不給別人自由。極端自私自利，沒有容人的度量，目光比較短淺和狹窄，只專注於眼前，看不到長遠的利益，如果不改掉這個毛病，一生將不會有大成就。

3 **頭髮柔軟，卻極稀疏的人**。這一類型的人，性格比較外向，頭腦聰明，但沒有主見，個性剛強，凡事都要爭先，總是以自己爲中心，他們喜歡出風頭，更愛與人爭辯，藉此來吸引他人的目光、獲得他人的關注。在他們的性格中，自負的成分占了很多，他們妄自尊大，不把任何人放在眼裡，盡管自己在某些方面表現得不怎麼樣，仍自我感覺良好。他們做事的時候，多缺少必要的思考，常會做出錯誤的判斷，而且還容易疏忽和健忘，往往把事情做得很糟糕。

4 **頭髮濃密粗硬，卻能自然下垂的人**。這種人性格內向，心思比較縝密，優柔寡斷，喜歡獨處，比較敏感，往往能夠觀察到特別細微的地方。他們的感情比較豐富，雖然容易動感情，但對情感並不專一，屬於那種處處留情的人。

5 **頭髮濃密烏黑，還和鬍鬚連在一起的人**。這種類型的人是男性，性格魯莽粗獷，耿直無私，豪放不羈，具有俠義心腸，嫉惡如仇，喜歡多管閒事，好打抱不平，脾氣大咧咧的，有爲朋友兩肋插刀的義氣。

6 **頭髮淡疏，粗硬而捲曲的人**。這一類型的人，性格沉穩，很有城府，有知識，思維比較敏捷，善於思考，並有很好的口才，能夠很容易地說服別人。意志堅強，他們的性格彈性比較大，可以說能屈能伸，能很快適應各種環境。但他們的能屈能伸，是在堅守一定的原則和基礎之上進行的，所以無論外在的東西怎樣變化，其內在還有一些穩定不變的東西。

7 **頭髮濃密柔軟，自然下垂的人**。這一類型的人，大多性格比較內向，話語不多，善於思考。從某種程度上說，他們具有很強的耐性和韌性，這一類型人所從事的事業多是和藝術方面有關的。

8 **頭髮自然向內捲曲，如燙過一樣的人**。這一類型的人，脾氣大多比較暴躁，粗魯無禮，敏感多疑，而且疑心比較重，總是患得患失，在猶豫和矛盾中掙扎，除此之外，嫉妒心還很重。

9 **髮根彎曲，髮梢平直的人**。這一類型的人自我意識比較強，處處炫耀自己，愛吹毛求疵，說話不經考慮，放蕩不羈，厭惡被人約束和限制，不會輕易地向他人妥協。

10 **禿頂的人**。這種人比較聰明，性格憨厚，善於思考，才思敏捷，爲人處事隨和大方，心地善良，比較務實，有很強的責任感。

# 9 從氣質特徵識別對方

一個人的氣質和他的行爲有著密切的關係，氣質常常決定一個人行爲的方式，而行爲又表現爲與氣質相吻合的特徵。辨別一個人的氣質，對於合理調配人的行爲規範是有重要影響的。

氣色的變化，也能表現出一個人的心態：「憂懼害怕的顏色，大都是疲乏而放縱；熱燥上火的顏色，大都是迷亂而汙穢；喜悅歡欣的顏色，都是溫潤愉快；憤怒生氣的顏色，都是嚴厲而明顯；嫉妒迷惑的顏色，一般是冒昧而無常；所以，一個人當其說話特別高興而顏色和語言不符時，肯定是心中有事；如果其口氣嚴厲但顏色可以信賴時，肯定是這個人語言表達不是十分流暢敏捷；如果一句話未發便已怒容滿面時，肯定是心中十分氣憤；將要說話而怒氣衝衝時，是控制不了的表現；所有上述這些現象，都是心理現象的外在表現，根本不可能掩飾得了，雖然企圖掩飾遮蓋，無奈人的顏色不聽話。」

從今天的觀點來看，人不是生而知之的，但人確實與先天的氣質有關係。要瞭解那些從娘胎裡給我們帶來的氣質特徵，對照下列內容可以觀其大概。

### 1 躁鬱型

能與性格古怪、思維方法不一樣的人輕鬆往來；樂意爲他人服務；聽到悲哀的話，立即爲之感動；做事衝動，常辦錯事；常被他人稱爲好好先生；遇事不冷靜思考，就立即採取行動；服從分配，主管叫做什麼就做什麼；對初次見面的人很容易親近；能輕鬆地與人談笑、開玩笑；不古怪，不彆扭。

### 2 積極型

剛毅勇敢，不輸他人；別人常想他是一個有作爲的人；不重利，認爲得利必有失；堅信自己的信念；善於自我解釋；經常積極、活躍地活動，與自己的心情好壞無關；動手能力強，自我傾向性強；不易接受他人意見；做事有恒心，失敗了不灰心，頑強奮鬥，堅持到底；不受他人情緒好壞影響。

### 3 分裂型

不善交際，獨自一人也不寂寞；寧願多思考，也不輕易採取行動；呆呆地好像在想什麼問題；對他人的喜怒哀樂並不介意；人家都娛樂時，他會以自己的某一件事而憂慮；有點神經質，對世俗的反應顯得遲鈍；給人的印象是冷淡，不易親近；並非惡意，但有時會挖苦人家；進入新環境中，不容易與他人親近；對任何事物總是從廣泛的角度去深思理由，不喜歡在某一規定範圍內行動。

### 4黏著型

做任何事一開始就孜孜不倦，有耐心；常被人指責爲不通融合群；做事毫不馬虎；與人交往中絕不矯情，正義感很強；處理事物時，原則性很強，但方法不太漂亮；常勃然大怒；專心處理一件事時，未做完之前，其他事一概不管；心情就是好時，動作也來得慢；一方面積極、一方面保守；喜好潔淨。

### 5否定型

內心煩惱，但表情上不表露；自卑感強；做什麼事都猶豫不決，沒有決心做下去；不希望想的事，偏偏要留在腦子裡想；即使是微不足道的小事，也表現出恐懼之感；自己做過的事，時常掛念在心裡；對做過的什麼事都沒有滿意的時候；已經過去的不順利的事，還永遠記在心裡，悶悶不樂；意志消沉，沒有耐心；應該說的，不敢說出來。

### 6折衷型

有時含著微笑講話，有時卻冷淡對人；時常無緣無故地不耐煩、大發雷霆；平時心情悲觀，但有人安慰時顯得高興、愉快、任性，說話表情過分；相信道聽塗說，容易接受他人暗示；喜歡華麗，好擺闊氣；有時顯得撒嬌；多嘴多舌，但感情冷淡；喜好炫耀自己。

除人的類型之外，血型也是影響氣質的重要因素。我們知道，每個人都有自己的血型特徵、氣質特徵和性格特徵。血型特徵與氣質特徵都以遺傳因素爲主，絕大多數成分產生於先天，而性格特徵則因人的後天修養累積而成，可以改變，也可以或多或少地影響人的氣質特徵。概括地說，氣質既是內在的修養，又是外在的表現，人可以用知識來彌補氣質上的不足，遮掩其中的缺點，並使優點發揚光大。

如果觀察不到這些，只憑一個人的長相選拔人才，那十有八九是會失誤的。

# 10 根據體型特徵，觀察對方性格

體型的特徵是一個人的輪廓，同時也是一個人的門戶和綱領，究其綱領，便可以察其性、知其心。

中國人有句老話：「人需要接近看看，馬需要騎著看看。」從人的言談舉止中，雖然也可以看出一個人的內心活動的大概，但通過對體型的觀察，更可以看出對方的某種特殊的潛質。

英國的行為學學者雷咨蒙度．摩利斯說：「人並不比其他動物特別高級或特別低級。」人也屬於動物的一種。動物有不同的體型，人也有不同的體型，如肥胖型、枯瘦型、筋肉型。這樣的體型出現在人類的身上，受多種因素影響，但多少可以表示一個人的性格。不論你在商場或日常生活中，想要一切圓滿的話，就需要保持良好的人際關係。要達到這個目的，首要條件就是探知對方的性格，進而才能透視對方心理。

古人在這方面有精闢的論述。洪應明在《菜根譚》中對筋骨之論，是二者分而論之的。他認為：

觀察一個人的「筋」，能識別他的膽量。「筋」緊，其人勇猛有力；「筋」鬆，其人怯懦乏勁，像柔弱無縛雞之力的酸腐書生。一個人手足如受到傷害，醫生要專門察看一下手足能否自由地活動，如伸展自如，表明筋腱完好無損，醫治起來也就不麻煩。

「筋」是一個人力量的基礎。「筋」強勁，其人勢勇，行事大膽灑脫；「筋」軟弱，其人勢怯，行事唯唯諾諾，無甚主見。這一個特徵很難在鑑別人才時單獨使用，往往與「骨」等特徵合併運用。

觀察一個人的「骨」，能識辨他的強弱。「骨」健，其人強壯，「骨」弱，其人柔弱。曾國藩在鑑識人才時，認爲「神」和「骨」是識別一個人的門戶和綱領，有開門見山的作用。他在《冰鑑》中說：「一身骨相，具乎面部。」他經常將「筋」和「骨」聯在一起，來考察一個人的力量勇怯。

根據德國學者雷琪瑪的性格判別方法，大致可依據六種體型來分析人的性格。

## 1筋骨強壯而結實的形態——堅忍質

筋骨強壯而體格結實，通常是堅忍質形態的人。這種人的筋肉和骨骼發達、肩膀寬大、脖子粗，故從事舉重、摔跤和土木工程方面的工作，容易出人頭地。然而，在公司銀行當經理的人，也會有這種型態的。這種人做事認眞、忠實，當公司或銀行裡的經理是最恰到好處的，這是堅忍質人的第一特徵。

你的同事中，經常把抽屜整理得很乾淨，或應當發出去的信絕對不會疏忽，字也寫得端端正正，這就是人們常說的具有堅忍質的人。

第二特徵是情意濃厚、注意秩序，且過著踏實的生活。

第三特徵是情趣少、悟性慢，經常有犯傻的地方，不知所措。此特徵在言談間會表露無遺，特別是談到電影情節時，往往會發表一大堆謬論。

按照上面所說的各點，這種人雖很可靠，唯獨缺乏情趣，呆板，其固執非常深，任何事情都很呆板去想。被妻子要求離婚的人，也是這種類型的人居多。

你交際的對象或同事中如果有這種人，與他們打交道時必須知其性質，那就是經常要與之雜談或招待他們藉以引導。

## 2肥胖型或脂肪型——躁鬱質

脂肪型和肥胖型的體型之特徵，往往胸部、腹部和臀部十分寬厚。因腹部附著脂肪，所以從整體看來，像是有很多肉。一般說來，中年是最容易肥胖的年代。因開心過度而肥胖，就是脂肪型和肥胖型的體型。

同這種體型的人接觸，你往往可以享受到對方開放而濃郁的人情。這種人日常十分活躍，一旦被人奉承時，任何事情均願代勞，雖然本人口頭上說「很忙」、「很忙」，事實上，終日享受著忙碌的樂趣。這種人偶爾也會忙裡偷閒，是個有情趣的可愛人兒。

這類人一般會兼有開朗、積極、善良、單純的多重性格，且活潑、幽默；另一方面，這種人兼有穩重卻焦躁的正反兩面的性格，特別表現在歡樂和苦悶的時候。而這些，正是躁鬱質特徵的外在表現。

這類人通常適於從事政治、實驗工作或臨床醫師，容易出類拔萃，且因具有天賦敏銳的理解力，凡事有迎刃而解的能力，但他們對事情的思慮缺乏一貫性，言談間極易因輕率而失言，並且自恃高大，喜歡干涉對方。

如果你和這類人或這種上司交往的話，他們會是開放的社交人士，因此，在你們初次會面的一剎那間，即能一見如故、相談甚歡。但這類人喜歡照顧別人，這份關懷天長日久容易演變成壓迫似的形態。

## 3單純而不成熟的形態——歇斯底里

在你的周圍可能經常會見到臉孔狀如小孩、未成熟形態的人。這種形態的人，通常具有自我觀念剛強的性格。這類人的周圍經常是熱鬧非凡的氣氛，話題的中心不是自己時就不開心，同時對別人所說的話一點都不聽，非常任性。

此種形態的特徵是，各方面都有淺顯的知識；有用這種知識對小說、音樂、戲劇加以評論的才能，同時具備其他各種知識，講話時妙趣橫生，經常使人捧腹大笑。

對於這種形態者，詢問有關他自己的事情時，更會眉飛色舞地說個不休，並且在言談之間常喜歡標榜自己如何，使人常感到過於放縱而產生不舒服的感覺。

從另一角度看，這類人可謂是天眞、浪漫的人，卻不知自己還沒有變成大人，眞讓人悲傷。自己被人奉承時還好，一旦受人冷淡摒棄時，嫉妒心會變得很強烈，形成一種歇斯底里的狀態，對於這種人要特別注意。

在你所知道的女性中，若有這種歇斯底里型的人時，最好不要多講話，只要聽她發表言論即可。如果你交際的對象有此種類型的人，在有生意來往時，關於此點要特別注意。萬一過分信賴這種人，自己受到損害的例子實在不勝枚舉。

## 4 瘦瘦細條的形態——神經質

一提到神經質型，人們都會自然地想到臉色發青、細長的身體線條，具有知識份子的風範。其實神經質的人，不僅是這種特徵，從另一個角度看，具有男子氣概、豪放磊落而肨墩墩的人，也有神經質的傾向。

這類人最大的特徵，是任何事情都歸咎到自己身上。帶有強迫的性格，喜歡自尋煩惱，以至於自己想要訴說的苦衷難於表述，結果被人把責任強加到自己的頭上。

這種類型人最大的特徵是心情不安定，情緒容易失去平衡，且容易混亂，他自己本身也非常不開心。其實這種性格是一種難能可貴的性格，具有豐富的感受性和纖細的感覺，是生活態度非常愼重的人。他們如果從事藝術性的工作，大多可以取得別人做不到的成就。

## 5 略帶纖瘦但體態結實的形態——偏執型

這類人略嫌纖瘦，但體態結實，自我意識特別強烈，且很固執，對任何事情都喜歡挑戰。有強烈的信念，充滿信心，不論遇到怎樣的苦境，都秉持成功的目標去努力。

強烈的信心加上判斷靈敏，做事果斷，在商業方面實在是前途無量。相反的，當這種人誤入歧途時，就會變成強制、專制、高傲、猜忌、蠻橫，且表露無遺。一旦一個念頭纏在腦子裡，想要更改非常困難。

具有如此體型的人，他們在事業和做人方面，都缺乏應有的性格魅力，但他是一個有能力且可能具有相當權力潛質的人，由於性格上的弱點，即使是別人跟隨他、迎合他，他同樣還是會和別人保持心理上的距離，他在家庭生活中也可能是個孤家寡人。

與這類人交往時，絕不可與他形成對立，這種人具有抗爭性和攻擊性，他的偏執，會讓他一直把自己的觀點強加給別人，直到被別人認可時爲止。

## 6 纖瘦型有影子的形態——分裂質

對纖瘦型者有一句流行語——「苗條」，甚至還有人說「瘦子特別能吃」或「某方面很強烈」，這都是觀其外表。此類型者，雖然外表似乎虛無的樣子，實質上是很難應付的人。若爲女性，性格剛烈，一旦發怒，後果將不可收拾。

與這類人交往時，應該瞭解他神經纖細並且本性善良，是對生活採取愼之又愼態度的人，但他性格上的猶豫不決和意志薄弱，容易產生氣餒心理，是個令人難於捉摸的人。

這類型的特徵一般是冷淡、冷靜，並且性格複雜且無法適當地表明立場。因爲這種人有相互矛盾的分裂質。比如對於幻想興致勃勃，保持快樂的一面，不喜歡被人探出隱私，且心事彷彿用冷酷的面罩覆蓋著。

對於這類人，有人會不喜歡而視之爲平凡的朋友交往，有人感覺到這類人是不易接近的貴族，具有羅曼蒂克的氣氛。

這類人對無關緊要的事固執己見、怪癖、不變通、倔強，並且表情呆板，在沒下決心之前，用行動來決定，這就是纖瘦人的缺點。這種人因爲有纖細神經的關係，其優點是對文學、美術、藝術等興致盎然，且對流行有敏銳的感覺。縱使拿出自己的財產，也要盡力爲大眾服務。社交上，有非常優雅的手腕。

以上幾種關於體型窺探內心的途徑，雖具有一定的科學性，但不是一試就靈的法寶，它因人而異，學會正確地使用它，在觀察人物時才不至於陷入盲點，害人而誤己。

# 11 識人先識臉，識臉先識形

對方向你走來或你走向對方時，你首先注意的是他的臉。對方還沒有開口，但他的臉已經在進行自我介紹了。所以，要快速瞭解對方，最好就從觀察他的臉開始。

**圓臉**

圓臉型的人臉龐平滑輕鬆，沒有凸出的臉頰或顎骨。這種人爲人謙恭有禮，懂得均衡的道理。有時候他可能拖拖拉拉，不願意面對那些想利用其慈悲天性的人。

**方形臉**

方形臉的人給人以「運動員」的感覺，堅強、高傲、有決斷力，是那種可以做決定，同時不必費多大心力就可以說服他人一起做事的人。他是一位好老師、忠心的朋友，他可能不是世界上最聰明的人，但他卻是推動事物的主要動力。

**橢圓形臉**

橢圓形臉被視爲天生的美人胚子。假使是一個女人，不需要多少化妝品，便可以把臉孔修飾得完美無缺。橢圓形臉的男人，通常擁有藝術家的敏感和沉著冷靜的個性。無論是男性或女性，都擁有與生俱來的優雅氣質。最吸引人的地方，是那光彩照人、充滿魅力和令人舒服的微笑。

**雙唇微開**

這種人很容易誘惑別人，富有挑逗性，而且充滿熱情，對各式各樣的羅曼史都來者不拒。他的舉手投足都散發出誘人的魅力。他有本事不說一句話，便把整個屋子裡的人迷得神魂顛倒。

**緊閉雙唇**

這樣的人絕對能夠保密。他對自己的言行舉止都十分謹慎，謹慎到經常顯得過度敏感。嚴肅固執的個性，使他比較喜歡和周圍人保持一定的距離，然而，在他內心深處，卻存在著無法解除的焦慮，使他長年處在稍顯焦慮的狀態下。

**雙唇上揚**

是一位永遠的樂觀主義者。他能夠不屈不撓、面帶微笑地面對一切。在他心中有某種宗教或神祕的力量，使他相信事情總會迎刃而解。

**雙唇下彎**

和前面所說的正好相反，他是個十足的悲觀主義者。他用挖苦、嘲諷的幽默感，來表示對人間事物的憤慨和鄙視。他可能相當成功，但幾乎沒享受過成功，因爲他小時候曾受過很深很深的傷害；但他沒讓這些傷害復原，反而讓它們曲解了他對人、事、物的看法。

**厚嘴唇**

他不愛開玩笑，可能人們第一眼看到他，也不覺得他很性感，但他的體力相當好，對所有臥室裡的活動，都能夠全心投入。

**薄嘴唇**

他不是一個很好的接吻對象。其實，與其說是他的嘴唇令那些對他有意思的人退避三舍，倒不如說是他吝嗇的個性令人裹足不前。他單薄而不豐滿的嘴唇，透露出他是一個吝於付出、卻樂於接受別人施捨的人。

**下顎凸出或強健**

這樣的人行事積極，意志堅強，不輕易受挫。別人向他求教，是因爲他看起來像花崗石一樣堅硬。他值得信賴，爲人誠懇，不過有時候也很頑固。

**下顎後斜或短小**

這樣的人過度忸怩害羞，很可能總是低著頭走路，眼睛盯著地而不是向前看，彷彿不斷向他人道歉。好像每一件事都令他歉疚萬分。他膽小的個性，使他想像自己正面對未曾眞正發生過的突然事件。結果，他的生命便慢慢演化成一種無止境的道歉狀態。

### 圓下顎

他可能是一位畫家、一位詩人，也可能是一位作家。他的見解並非只限定在某個範圍內，而是豐富多變，極富彈性。摩天大樓或郊區的購物商場，令他倒胃口，他想追求的是綠油油的山水風景。可是如果他離不開城市，那他一定幻想在一棟商業大樓裡，造個寧靜的角落。

### 方下顎

這種下顎通常搭配高而有角的額骨。自信而負責任的外表，使他魅力十足。因爲他看起來已經十分果斷，所以比一般人更能夠讓事情照他的意思而發展。他經常受到他人的推崇、尊敬和禮遇。

### 沒有皺紋的額頭

他的一生似乎沒受過什麼嚴重的創傷，對許多人而言，他一直過著一種迷人而輕鬆的生活。流逝的歲月似乎不曾在他身上烙下痕跡，因爲他展現出一股悠閒而年輕的優雅氣質。

### 有皺紋的額頭

額上深刻的皺紋，表示他曾飽嘗人生的煎熬。他曾經歷過痛苦和失落，而這一切清清楚楚地刻在他的額頭上。他是一個現實主義者，知道以不平等的方式，面對這個不平等的世界。

# 15 觀人相貌，知其性格

相貌是人天生的，它們和性格有著密切的關係。性格是指人對現實中客觀事物經常的穩定的態度，以及與之相應的習慣化了的行爲方式。

性格的形成，固然會受到遺傳因素的影響，但主要是在後天環境中磨練出來的。而且定型之後，有很強的穩定性，它對人的行爲也會產生極大的支配作用。

專家研究發現，一個人性格與相貌有很大的關係。

體貌高大，儀表堂堂，生此相者，掌重權，具有很強的決斷力和行動力。而厚樸穩重之相，性情溫順和氣，行動老練持重。

古人認爲，好的面色是：面相有威嚴，意志堅強，富有魄力，處事果斷，無私正直，嫉惡如仇；禿髮謝頂，善於理財，有掌管錢物的能力；顴骨高聳圓重，面目威嚴，有權有勢，從人依順；顴高鼻豐並與下巴相稱，中年到老年享福不斷；顴隆鼻高，臉頤豐腴，晚年更爲富足；顴骨高聳，眼長而印堂豐滿，臉相威嚴，貴享八方朝貢。

通常認爲不好的臉色是：顴高臉頰削瘦，做事難成，晚年孤獨清苦。顴高而鬢髮疏稀，老來孤獨；顴高鼻陷，做事多成亦多敗。薄臉皮的人常常會被誤認爲高傲，或者低能。這些誤解更增加了薄臉皮在人際交往中的困難。因此，他們在處理問題時，常常不敢大膽行事，寧願選擇消極應付的辦法，他們對工作往往但求無過、不求有功，怕擔風險。然而，臉皮薄的人並非一無是處。一般說來，臉皮薄者的爲人倒是比較堅定可靠的。他們是好部下、好朋友，在特定的狹小範圍內，還可以充任好骨幹。

人體貌文秀清朗，姿容樸實端莊，神情自若，是聰明睿智、靈活機巧的人，做事有創造性和進取心；質樸而不清秀的人則性格內向，性情孤傲。

體形孱弱，神色渾濁萎靡，脖子長、兩肩縮、腳歪斜、腦袋偏、兇神惡煞之相的人，心地狹窄，性情卑劣。

削薄軟弱、體貌形狀孤單瘦弱的人，性情孤僻、內向、怯懦，愚昧無知，意志薄弱，爲人處世沒有主見，無所適從；粗俗魯莽之相的人，性格反常不定，喜怒無常，不能自持。

「中年發福」的人，大多正值體力最旺盛的黃金時代。他們能夠很優越地順應周圍的人情事勢，給人一種溫馨的感覺。他們多屬於活動性的人，被人奉承時，往往做順水推舟的姿態。這種人雖然常施小計偷懶，但並不被人憎恨，他們中很多人會被周圍的人原諒，從而還頗受歡迎。活潑開朗、樂於助人、行動積極、善良而單純是這類人的性格特徵。他們經常保持幽默感，顯得充滿活力，同時也有穩重、溫文的一面。

這種類型的人，有很多是成功的政治家、實業家和臨床醫師。因為他善解人意，頭腦敏捷，擁有同時處理許多事情的才智，這是他們的最大長處。不過，考慮問題欠缺一貫性，經常失言，過於輕率，自我評價高，喜歡干涉別人的言行等，則是其缺點。

長著孩子的臉形，卻是年紀不小的成年人，雖然有未成熟的外表，卻有著老成的表現，看起來使人覺得不協調。此種類型的人，喜歡以自我為中心，而且個性好強，所以也可稱為顯示性格。

# 13 從整體形象中感覺對方

一般來說，內向型的人的身體都較爲單薄，體重也不是很重，肌肉和骨骼不是顯得特別發達，而且顯得沒有力量，給人孱弱、生病的感覺。他們的臉色較蒼白和憔悴，面部較小，下顎瘦小，頭髮較稀少。

外向型的人，通常臉色紅潤，身體較健壯，肌膚細膩，臉形較大，下顎飽滿，給人較富態的感覺。

此外，還有另外一種人，身材高大、勻稱，肌肉骨骼發達，臉形大，臉色紅黑不均，皮膚厚實，肌肉發達、緊繃，毛髮發育旺盛，常常是頭髮、眉毛、鬍鬚濃密，頸部堅實。這種人性格的主要特徵是不屈不撓，有很強的意志。

# 14 十指連心，從手指動作看人

俗話說：「十指連心。」手指的動作變化與人心的變化是相映成趣的。善於觀察的人，能夠從手指變化的姿勢中，瞭解一個人的心理活動。

伸手時五指全部分開者，此人性格開朗，樂觀輕鬆，不易患「七情」內傷病症。

伸手時不自覺分開拇指者，性格自負、倔強，而雅量不足。

伸手時不自覺打開食指者，凡事喜歡獨立行動，從無依賴心，不易與人相處。

伸手時不自覺打開無名指者，有外和內緊的心理，對外人和藹可親，對家庭缺乏體諒。

伸手時五指併攏者，做事有理有條、小心謹慎、計劃性強，但過於細心，要求別人亦高，做不到時易自尋煩惱。

伸手時整隻手縮捲，具有滴水不漏的精神，做事小心，生活儉樸，精打細算，從不吃虧。

伸手時小拇指常分開者，性格不太合群。

一個人的動作手勢，也可以產生彌補有聲語言不足的作用，增加有形語言的分量。比

如，心情愉快時，往往會不自覺地把兩手舉在空中揮動；心情悲苦時，忍不住會抱頭彎腰，使身體呈圓縮形；當憤怒時，不免要舉拳猛擊。

不自覺的手勢，可說是一種習慣，是一種內在感情，因此幾乎每一個手勢都是內心情感的流露。尤其是那些比較情緒化的人，他手勢上的不自然動作，就像一支溫度計一樣，使人洞悉他的心理。

雙手插口袋露出兩拇指：是具有傲慢心理的反映，這類人做爲應酬對象，必須要在氣勢上壓倒他；來回擦掌，心理表現爲不安，不知所措、焦慮；十指交錯、兩手互鉗，好機會，快去安慰他，他心理正非常沮喪。

有些人，不論在什麼情況下，總是喜歡把手插在口袋中。這種手勢另一層意義就是讓人莫測高深，把自己深藏起來，不想讓人掌握住他的個性與弱點。然而再從另一個角度來看，把手插入口袋中，意味著他不太認眞地聽別人的話，自己正在思索自己的事。這雖然是不自覺的手勢，卻流露著內心世界的活動。

喜歡把手交叉著放在胸前的人，表示其自負自大、自視甚高、目空一切。但是若天冷有抱胸取暖的手勢則除外。

有的人在與他人交談時，常喜歡拼命地揮動雙手，也有些人習慣性地把雙手牢牢握住，都是表示當時的情緒緊張，或者異常激動，或者是得意忘形之舉。

相反的，有的人雙手無力，看似鬆軟垂直，有時是雙手相互不自覺地抱著，表示此人有虛心與放心兩方面。放心則感無所謂，沒有什麼事情可以使他震驚，多為此種手勢，虛心則傾聽對方的話題。

有些人的雙手閒不住，不找點事做則心焦發慌，他的心境必定不沉著。另外在打電話的時候，喜歡無意識地動動桌上的東西，這也是心情不定的一種表示。就一般情況而言，當一個人有心事想掩飾時，會下意識地做別的事為其掩護。

有一些人喜歡大模大樣地反剪雙手抬向頸後，這手勢有兩種含義，一種是有意如此，另一種是無意識的自小養成的習慣。然而不管是有意或無意，都表示此人個性嚴謹，心裡多慮。

雙手一會握、一下放，表示做事仔細。如果看到一個有咬手指習慣的人，他可能是個夢想者。心理學家認為這種咬手指的無意識習慣，對任何年紀的人來說，都是不雅觀的動作。他經常都是心不在焉，總在夢想的世界裡。

用手指纏捲頭髮，這種動作大都屬於女人。當她們無所適從，或遇到困難問題時，或出現失望狀態時有這些動作；男人遇到這種情形時，大部分是抓腦袋、搔頭皮。

坐在凳子上，雙手展開貼在凳子兩旁或按在膝蓋上，表示胸襟豁達。

用手搔頭，很可能表示尷尬、爲難、不好意思。

用手托住額頭，很可能表示害羞、困惑、爲難。

雙手相搓，常常表明陷入爲難急躁狀態之中。

雙手攤開，一般是表示眞誠、坦然或無可奈何。

雙手插腰，通常說明對方的挑戰、示威或感到自豪。

用手敲打頭部這個動作，通常表示懊悔或自責，如拍打的部位是腦後部，則表示這種人不太注重感情、對人苛刻，但打擊前額的人，通常很直爽。

由此看來，手勢是一個人內心世界的反映，同樣通過手勢語言、我們可以做到知人知面知心。下面是一些常見手勢所暗含的心理活動，大家不妨細品之。

## 蹺拇指表示稱讚

蹺大拇指，更多的時候是表示稱讚的意思。我們舉例來說明。

毛澤東一生風趣幽默，妙語連珠。關於他的幽默故事流傳下來的頗多。在紅軍轉戰陝北的艱苦歲月裡，有一天深夜，部隊進駐一個村，由於人多村小房子少，毛澤東和十幾個同志同睡一個小窯洞。房東大嫂走上前，忐忑不安地說：「這窯洞太小了，地方太小了，對不住首長了。」毛澤東隨著大嫂的語調說：「我們隊伍太多了，人馬太多了，對不住大嫂了。」毛澤東說著，又蹺起大拇指說：「頂好！頂好了！」毛澤東的話沒說完，所有的人都大笑起來，房東大嫂的緊張心情自然也就消失了。

在一些特定場合，用拇指指人還有譏笑或貶低他人的意思。例如，某丈夫握著拳頭，卻將大拇指指向妻子，側身對其朋友說：「你知道，女人嘛，都那樣！」這很可能會引起夫妻間的一場口角，用大拇指斜著指人的動作，是會引起他人不滿的，最好少用或不用，真誠地讚賞和稱讚他人時，應該面帶微笑，將手平伸出去，將拇指上揚，才能表現態度謙虛乃至尊重。

## 握緊拳頭，說話有力量

一般情況下，在莊重、嚴肅的場合宣誓時，必須要右手握拳，並舉至右側齊眉高度。有時在演講或說話時，捏緊拳頭，則是向聽眾表示：「我是有力量的。」但如果是在有衝突的人面前握緊拳頭，則表示：「我不會怕你，要不要嘗嘗我拳頭的滋味？」

通常情況下，握緊拳頭，顯示的是一種果斷、堅決、自信和力量。平時我們聽人演講，見人講話時握緊拳頭，證明這個人很有自信，很有感召力。但在日常生活中，我們與人發生不愉快時，請把你的拳頭藏起來，不要握起拳頭在對方面前晃動，那樣做的結果，勢必會引起一場打鬥，這是不可取的。

## 雙手叉腰是挑戰

孩子與父母爭吵、運動員對待自己的項目、拳擊手在更衣室等待開戰的鑼聲、兩個吵紅了眼的冤家等，在上述情形中，經常看到的姿勢是雙手叉在腰間，這是表示抗議、進攻的一種常見舉動，有些觀察家把這種舉動稱之爲「一切就緒」，但「挑戰」才是最基本的實際含義。

這種姿勢還被認爲是成功者所獨有的站勢，它可使人聯想到那些雄心勃勃、不達目的誓不甘休的人。這些人在向自己的奮鬥目標進發時，都愛採用這種姿勢。它從中含有挑戰、奮勇向前的趨勢，男士們也常常在女士面前多用這種姿勢，來表現他們男性的好戰，以及男子漢形象，但女人如果用這一姿勢，給人的感覺則是不溫柔，有母夜叉、河東吼獅之嫌。

在生活中，我們應該多些友愛和陽光，說話時雙手叉腰，我們可以向困難挑戰，可以向遠大目標挑戰，而不可以向同類挑戰，不可以用雙手叉腰、增添劍拔弩張的氣氛。

## 手勢上揚有號召力

手勢上揚，代表著贊同、滿意或鼓舞、號召的意思，有時候也用以打招呼。朋友見面，遠遠地揚起手：「嗨！」「哈囉！」演講或說話時手勢上揚，最能體現個人風格，表明演講者或說話者是個性格開朗、豪放、不拘於形式的人。

手勢上揚，是一種幅度比較大的手勢動作，容易使人產生比較鮮明的視覺形象，引起人們對於形式美的富於社會內容的主觀感受。有人描繪法國前總統戴高樂：「當他進行公開演講時，他的習慣動作是兩臂向上。其目的只是爲了強調他的講話……，有時他舉著雙手，把自己直挺挺的上身從桌上伸出俯向聽眾，好像要把演說者的堅定信念，注入到聽眾的心坎上……」

總之，手勢上揚是個很受人歡迎的動作，從側面反映出這個人是豪放、大度、有號召力的。

### 手勢下劈可製造語勢

手勢下劈，給人一種泰山壓頂、不容置疑之勢，使用這種手勢的人，一般都高高在上，高傲自負，喜歡以自我爲中心，他的觀點，不會輕易容許人反駁。伴隨著這個動作的意思是：「就這麼辦」，「這事情就這樣決定了」，「不行，我不同意！」等話語。

日常生活中，我們常遇到一些主管，在講話時，爲了強調自己的觀點，把手勢往下劈，每當這個時候，聽者最好不要輕易提出相悖的觀點，對方一般也是不會輕易採納的。平常與同事或朋友三五成群地爭論問題，有人爲了證明自己的觀點，也常用這種手勢否定別人的觀點，打斷別人的話，善於識別這種手勢語言，有助於我們爲人處世採取適當的姿態。

## 雙手平攤表示坦誠

當人們開始說心裡話或說實話時，總是把手掌張開顯示給對方，像大多數身體語言一樣，這一舉止有時是無意識的，有時是有意識的，它都使人感到或預感到對方將要講眞話。相反的，小孩在撒謊或隱瞞眞情時，總是將其手掌藏在背後，當夜晚與伙伴們玩耍通宵方歸的丈夫，不願對妻子說出他的去處時，常常將手插在衣袋，或兩臂相抱、將手掌藏起來，妻子則可以從丈夫隱藏的手掌上，感覺到丈夫在隱瞞實情。

由此可見，當一個人與你交談時，不時伸出雙手攤開，這說明他是誠實可靠的。有趣的是，大多數人發現攤開手掌時，不僅不容易說謊，而且還有助於制止對方說謊，並且鼓勵對方坦誠相待。

所以，在生活中，我們不妨也經常將雙手攤平，多給他人以坦誠，這樣，你在任何人心目中的形象都一定是美好的。

西方有心理學家斷言：「判斷一個人是否坦率與眞誠，最有效、最直觀的方法，就是觀察其手掌姿勢是否雙手攤開。」當人們願意表示完全坦率或眞誠時，就向人們攤開雙手，說：「沒有什麼値得隱瞞的，讓我坦率告訴你吧。」

## 雙臂合抱，可以驅走說話的緊張

雙手往胸前一抱，就構成了一道阻擋威脅或不利情形的有利屏障，由此可見，當一個人神經緊張、極度消極和充滿敵意時，就會很自然地把雙手抱在胸前。

雙臂合抱的姿勢，常見於一個人在陌生人當中，特別是在公開集會上，排隊或電梯裡，以及任何一個使人感覺不自在和不安全的場合。

所以，在日常生活中，與人面對面交談時，看到對方雙臂緊抱胸前，你應推測自己一定是講了讓對方不同意的話。這時，盡管對方口頭上還不停地表示贊同，但你如果不改變方式，仍堅持原來的論點繼續講下去，將毫無意義。

人體語言媒介從不會「撒謊」，一般的語言媒介卻可能會撒謊。請記住，只要對方雙臂合抱的姿勢出現在你面前，對方的否定態度就不會消失。須知是你讓對方採取了這種態度，最明智的做法，就是努力改變自己的觀點，讓合抱的雙臂鬆開，友好的情緒也就隨著這鬆開的一刻開始。

## 十指交叉表明不安和消極

在人們面帶微笑和愉快的談話時，常常無意識地將十指交叉。常見的姿勢是交叉著十指舉在面前，面帶微笑地看著對方。也有的交叉著十指平放在桌面上，這種動作，常見於發言人，出現這個動作，發言正處於心平氣和、娓娓敘談的時候……。乍一看，似乎上面這幾種表情都是表明很自信，但往往並非如此。有一次，一位推銷員講述他推銷失敗的故事。隨著他的講述，人們發現他十指緊緊交叉，手指變得蒼白無色，似乎要融化到一起。這個手勢表明其受挫情緒或對某人有敵視態度。

一般來說，做出十指交叉手勢時，手的位置的高低似乎與消極情緒的強弱有關。有的將十指交叉放在膝上，也有的站立時將十指交叉放在腹前。按交往的經驗而言，高位十指交叉比中位十指交叉更顯得莫測高深。正像所有表示消極情緒的姿勢一樣，要想讓使用這個姿勢的人打開緊緊交叉的十指，都需要某種努力來完成。否則，對方的不安和消極是無法改變的。

當我們演講或是日常生活中與人交談時，如果遇到情緒消極的情況，做出十指交叉的手勢，可以在心理上起到自我保護的作用，從而使談話更少受到消極情緒的負面影響。

# 15 通過雙手動作看人

手在人們的生活中的用處可謂是大矣，我們做許多事情、在很多時候都是離不開雙手的。我們也可以通過雙手來識別對方。

習慣於用右手做事的人，左半腦多比較發達，做事有條理，邏輯性強。他們的優勢在於處理有關數學方面的問題，但在美學、文學等方面則要相對遜色許多。

習慣於用左手做事的人，右半腦多比較發達，具有很豐富的想像力、很強的創造力，感覺比較靈敏和準確，這樣的人在很多時候不能與社會合拍，所以造成神經崩潰的人，在習慣於用左手做事這一群體中的比例往往是最高的。

修長纖細的手指是敏感的象徵，有修長纖細手指的人，大多是相當敏感的，他們常常會對一些事情進行無端的猜疑和想像，然後自我苦惱。

具有短且粗的手指的人，多是積極的、肯負責任的，他們對任何一件事情，一旦打算要做，就會全身心地投入其中，有始有終地把它完成。他們的性格比較固執和頑強，多選擇一些力量和判斷力敏感度很高的職位來做。

總是緊握著拳頭的人，可能是比較缺乏安全感，所以防禦意識比較強，他們並不在意要去攻擊別人，可能只是提防別人的攻擊。他們做人的信條，很可能就是「人不犯我，我不犯人；人若犯我，我必犯人」。除了缺乏安全感以外，經常握著拳頭的人，是能夠關心體貼別人，富有同情心而又善解人意的。

喜歡留長指甲的人，占有欲望是很強的，並且隨時做好爭取的準備，只要時機一到，就會立即付諸行動。這是一種很能招惹是非的危險性人物，他們總是能夠隨心所欲地施加給他人痛苦或是歡樂。

老是把手指合在一起的人，會經常處在一種非常矛盾的狀態當中，理智和情感總是在不停地交戰。這種人大多能很好地掩飾自己，雖然他們的內心是非常不平靜的，但他們的表現卻是泰然自若的。

用手指扭頭髮，這個肢體語言，也要分兩種情況來討論：一種是表示這個人很緊張，缺乏必要的安全感。還有一種是展現自我，想吸引他人的注意力，他們知道做出這樣的姿勢，自己是很有魅力的，是一種自信心的流露。

習慣於用手指挖鼻孔或是掏耳朵的人，在思想上還不是特別成熟，他們喜歡收集和儲存各式各樣自己認爲很有意義和價值的東西，但那些東西在他人看來，可能是一堆垃圾。

喜歡用手對所說的話進行補充、解釋和說明的人，常常對一些事物進行誇張，以增強所說的話的效果。他們的性格中感性成分往往要豐富一些，有一些多愁善感，很能引起其他人的注意。

塗著不花俏的指甲油的人，說明她是很愛漂亮，但不喜歡張揚。而塗著非常性感、能吸引人心動的指甲油的人，則說明她在愛美的同時，還有著很強烈的表現欲望，希望能夠引起他人的興趣，並給予過多的關注。

喜歡把雙手放在背後的人，多比較沉著和老練，他們爲人十分謹慎和小心，自我防衛意識比較強，時刻做好了準備，以防別人的偷襲。

經常把指關節弄得嘎嘎響的人，其脾氣多是暴躁、易怒的，遭遇一點事情就明顯地坐臥不安。這一類型的人的表現欲望也是很強烈的，他們希望別人能夠給予自己一些或是很多關注的目光。

# 16 從走路的姿勢看人的性格

英國心理學家莫里斯經過研究，發現一個有趣的現象：人體中越是遠離大腦部位的動作，越是可能表達其內心的眞實感情。從臉往下看，手位於人體的中間偏下部位，誠實度還算中庸，研究發現，人們或多或少在利用手來說謊。腳離大腦的距離最遠，相比之下，人的腳部要比其他部位「誠實」得多，因此腳的動作會洩露人們獨特的心理資訊。

與其他的肢體語言一樣，腳的動作有特殊意義。漢語中很多詞語都是用來描述腳的動作的，例如輕、重、緩、急、穩、沉、亂等。這些形容詞與其說是描寫腳步，不如說是在描述人的心態：穩定或失衡，恬靜或急躁，安詳或失措等。

人們能夠從「腳語」來判斷一個人的性格或心情。

行為學家明確指出：「在一般情況下，要判斷對方的思想彈性如何，只要讓他在路上走走，就可以基本瞭解了。」一個人的心情不同，走路的姿勢也就不同；每個人的秉性各異，走起路來也有不同的風采。

除了走路，在其他場合下的「腳語」，也能表露出某個人的心理活動。例如一些參加面試的人，雖然他們冷靜地坐著，表情輕鬆，面帶微笑，肩膀自然下垂，手的動作和緩，看似雍容自若。但你看看他的腳，兩隻腳扭在一塊，好像在互相尋求安全感；然後他的兩腳分開，幾乎不爲人所察覺地輕輕晃動，好像想逃走；最後，他們又兩腿交叉，而且懸空的一隻腳一上一下地拍動。雖然坐著沒動身，兩隻腳卻洩露想脫逃的意願。

因此可以說，在洩露人的心理活動這一方面，腳是全身最誠實的部位。可惜很多人都顧不上或不注意觀察這個部位，對這方面的知識也缺乏瞭解。所以對此詳加介紹是必要的。

下面就是一些具體的方式：

**走路沉穩的人務實**

有的人走路從來都是不慌不忙的，哪怕碰到了最重要、最緊急的事。這種人辦事歷來求穩，無論做什麼事情都要「三思而後行」。這樣的人比較講究信義、比較務實，一般來說，工作效率很高，說到做到。

**走路前傾的人謙虛**

有的人走路總是習慣上體前傾，而不是昂頭挺胸。這種人的性格比較內向和溫和，爲人比較謙虛，一般不會張揚，很注意嚴格要求自己，很有修養。有的人走路把頭低著，雙手緊緊地背在背後。他們的腳步有時很慢，不時還會停下來踢一下石頭，或者撿起什麼東西來看一下，然後又丟下。從一般的情況看，有這種行爲的人往往心事重重。他們或許正在爲一件很難辦的事情而焦頭爛額。

## 走路低頭的人沮喪

有的人走路的時候總是拖著步子，把兩隻手插進衣袋裡，頭常常低著，只埋頭拉車，不抬頭看路，不知道自己最終要去哪裡。這樣的人往往是碰上了難以解決的問題，到了進退維谷的境地。很多快要走入絕境的人，常常有這樣的表現。

## 步伐矯健的男人正派

人走路的姿態是各種各樣的，給人的感覺也是各不相同的。有的人步履矯健，輕鬆自如，靈活敏捷，富於彈性，這種人使人聯想到年輕、健康、充滿活力；有的人步履矯健、端莊、自然而大方，給人一種莊重而斯文的感覺；有的人步履雄健而有力，給人一種英武、無畏的印象；有的人步履輕盈、靈敏，行如和風，讓人油然而生歡娛而柔和的感覺。

具有這樣步態的人，一般都是正人君子。當然，應該透過現象看本質，不要被假象所迷惑。

## 走路匆忙的女人開朗

如果一個端莊秀美的女子，走路的時候來也匆匆、去也匆匆，腳步零亂，那就可斷定這位姑娘一定是個性格開朗、心直口快、不留心眼的痛快人。反之，如果一位女性看上去五大三粗，走起路來卻小心翼翼的樣子，這樣的人一定是「外粗內細」的精明人，辦事時往往會以豪放的外表來掩蓋嚴密的章法。

### 走路兩手叉腰的人急躁

有的人走路兩手叉腰，上體前傾，就像一個短跑運動員。他們可能是一個急性子，總希望在最短的時間之內，跑完急需走完的路程。

這種人有很強的爆發力，在要決定實施下一步計畫的時候，常常表現出這樣的動作。在這段時間裡，從表面上看，他們處於沉默的階段，好像沒有什麼大的舉動。其實，這叫「此時無聲勝有聲」。他們的這種動作，實際是一個大大的「V」形，正是他們在告訴別人，勝利正在向自己走來，你們就等著我的好消息吧。

### 高抬下巴走路的人傲慢

有的人走路的時候，下巴高高地抬起，手臂很誇張地來回擺動，腿就像高蹺一樣顯得比較僵硬。他們的步子常常是那樣的穩重而遲緩，好像刻意要在別人的心目中留下深刻的印象。

這種人很傲慢，被人們稱爲「墨索里尼式」步態。如果不想與這樣的人對抗，在他們的面前最好表現的謙虛一點。

## 喜歡踱步的人善於思考

就姿態而言，這是非常積極的姿態。但是旁人可能對踱步者講話，因而可能使他思緒中斷，並且干擾到他正想做的決定。多數成功的推銷員瞭解：要讓踱步的顧客單獨思考是否決定購買自己所推銷的商品，不要去打擾他，這點是很重要的。假如他想要問問題時，他們才讓他停止踱步思考。有許多成功的談判，乃至於一方咬著舌頭不吭氣，讓另一方繼續決策行爲，在地毯上踱方步。

## 漫步的人外向，端步的人內向

有的人走路總是不正規，就像開玩笑似的，一點也不規範。這種人與上一種人正好相反。他們屬於外向型的人，對周圍的一切事情都感興趣。

這樣的人對什麼事情都不會很認眞，可以接受各種各樣的意見。人們稱之爲曲線型的人。

有的人走路時，頭幾乎不動，筆直地往前走去。這樣的人關心自己超過關心別人，很少注意目的地之外的人和事。

這樣的人是內向型的人，主觀意識很強，處理問題很少有彈性。他們如果去當會計、出納，要在他們那裡開後門是不容易的。他們被稱爲直線型的人。

# 17 從腳的習慣動作識別內心

從腳的其他習慣動作中，也可以看出一個人的心緒。

1某人兩隻腳踝相互交疊，你就應注意此人是不是正在克制自己。因爲人們在克制強烈情緒時，會情不自禁地將腳踝緊緊交疊，交易場上或其他社交場合中，當一個人處在緊張、惶恐的情況下，往往會做出這種姿態。

2在談判時，當對方身體坐在椅子前端，腳尖踮起，呈現一種殷切的姿態，這極有可能是願意合作，產生了積極情緒的表示。這時善加利用，雙方就可能達成互惠的協定。

3說話時，身體挺直，兩腿交叉蹺起，這個姿勢表示懷疑與防範。所以，在談判推銷商品或個人交往中，要注意那些「蹺二郎腿」的人。對那些坐在椅子上、蹺起一隻腳來跨在椅臂上的人，要引起足夠的警惕，因爲這種人往往缺乏合作的誠意，對別人的需求漠不關心，甚至還會對你帶有一定的敵意。

4對於一對夫婦的雙足交叉動作要特別留意，假如你是位推銷員，對這個腳部動作要奉爲圭臬。人們常常會放鬆地做一些交叉雙足的動作。夫妻間的某方先行交叉自己的足，即可能表示其在家庭中所占的主導地位。

5雙腳自然站立，左腳在前，左手習慣於放在褲袋裡。這種人的人際關係相對而言較爲協調，他們從來不給別人出什麼難題，爲人敦厚篤實。這種男人平常喜歡安靜的環境，給人的第一印象總是斯斯文文的，不過一旦碰上比較氣憤的事，他們也會暴跳如雷。

6雙腳自然站立，雙手插在褲袋裡，時不時取出來又插進去，他們比較謹小愼微，凡事喜歡三思而後行。在工作中他們往往缺乏靈活性，常生硬地解決很多問題。他們大都經受不起失敗的打擊，在逆境中更多的是垂頭喪氣。

7兩腳交叉併攏，一手托著下巴，另一手托著這隻手臂的肘關節。這種人往往對自己的事業頗有自信，工作起來非常專心。

8兩腳併攏或自然站立，雙手背在背後，他們大多在感情上比較急躁，這種類型的人與他人一般都能相處融洽，可能很大的原因是由於他們很少對別人說「不」。

9雙手交叉抱在胸前，兩腳平行站立，很可能表明此人具有強烈的挑戰和攻擊意識。

10將雙腳自然站立，偶爾抖動一下雙腿，雙手十指相扣在腹前，大拇指相互來回搓動。這種人表現欲望特別強，喜歡在公共場合大出風頭。如果要舉行遊行示威，這種人充當的角色大都是扛大旗的。

11人的心理處於緊張狀態時，通常兩腿便會不停地抖動，或者用腳輕輕敲打地面。

12當顧客對會談不感興趣或感到厭煩時，常有重複不斷地蹺腳，一會兒左腿放在右腿上，一會右腿放在左腿上的動作，表示他不想談下去了。

# 18 從坐姿判斷對方性格

人們坐著時會有不同的姿勢，有的人喜歡蹺著二郎腿，有的人喜歡雙腿併攏，有的人喜歡兩腳交疊等，真是千奇百怪、豐富多彩。那麼，這不同的坐姿又反映了什麼樣的心理呢？

## 1自信型的坐姿

這種人通常將左腿交疊在右腿上，雙手交叉放在腿跟兩側。他們有較強的自信心，非常堅信自己對某件事情的看法。如果他們與別人發生爭論，可能他們並沒有在意與別人爭論的觀點的內容。

他們的天資很好，總是能想盡一切辦法，並盡自己的最大努力去實現自己的理想。雖然也有「勝不驕、敗不餒」的品性，但當他們完全沉醉在幸福之中時，也會有些得意忘形。

這種人很有才氣，而且協調能力很強，在他們的生活圈子裡，他們總是充當主導的角色，而他們周圍的人也都心甘情願。

不過，這種人有一個不好的習性，喜歡見異思遷，「這山看著那山高」。

## 2溫順型的坐姿

這種人坐著時，喜歡將兩腿和兩腳跟緊緊地併攏，兩手放於兩膝蓋上，端端正正。這種人一般性格內向，爲人謙遜，對於自己的情感世界很封閉，哪怕與自己特別傾慕的愛人在一起，也聽不到他們一句「火辣」的語言，更看不到一絲親熱的舉動，對於感情奔放的人來說，實在是難以忍受。

這種坐姿的人常常喜歡替別人著想，他們的很多朋友對此總是感動不已。正因爲如此，他們雖然性格內向，但他們的朋友卻不少，因爲大家尊重他們的「爲人」，此所謂「你敬別人一尺，別人敬你一丈」。

在工作上，這種人雖然行動不多，但卻踏實認眞，他們能夠埋頭爲實現自己的夢想而努力。猶如他們的坐姿一樣，他們不會去花天酒地，他們很珍惜自己用辛勤勞動換來的成果，他們堅信的原則是「一分耕耘，一分收穫」，也因此他們極端厭惡那種只知道夸夸其談的人。在他們周圍，想吃「白吃」是不行的。

## 3古板型的坐姿

坐著時，兩腿及兩腳跟併攏靠在一起，雙手交叉放於大腿兩側的人爲人古板，從不願接受別人的意見，有時候明知別人說的是對的，但他們仍然不肯低下自己的腦袋。

他們明顯地缺乏耐心，哪怕是只有十分鐘的短會，他們也時常顯得極度厭煩，甚至反感。

這種人凡事都想做得盡善盡美，做的卻又是一些可望而不可及的事情。他們愛夸夸其談，缺少求實的精神，所以他們總是失敗。雖然這種人爲人執拗，不過他們大多富於想像。說不定他們是經常走錯門路，如果他們在藝術領域裡發揮自己的潛能，或許會做得更好。

對於愛情和婚姻，他們也都比較挑剔，人們會認爲這種人考慮愼重，但事實不然。應該說是他們的性格決定了這一切，他們找對象是用自己構想的「模型」，如「鄭人買履」般尋覓，這肯定是不現實的做法。一旦談成戀愛，則大多數都傾向於「速戰速決」，因爲他們的理念是中國傳統型的「早結婚，早生貴子，早享福」。

## 4 羞怯型的坐姿

把兩膝蓋併在一起，小腿隨著腳跟分開成一個「八」字樣，兩手掌相對，放於兩膝蓋中間的這種人特別害羞，多說一兩句話就會臉紅，他們最害怕的，就是讓他們出入社交場合。這類人感情非常細膩，但並不溫柔，因此這種類型的人經常覺得莫名其妙。

這種人可以做爲保守型的代表，他們的觀點一般不會有太大的變化，他們對許多問題的看法，或許在幾十年前比較流行。在工作中，他們習慣於用過去成功的經驗做依據，這本身並不錯，但在新世紀到來的今天，因循守舊肯定是這個社會的被淘汰者。不過他們對朋友的感情是相當眞誠的，每當別人有求於他們的時候，只需打個電話，他們就肯定會效勞。

他們的愛情觀也受著傳統思想的束縛，經常被家庭和社會的壓力壓得喘不過氣來，而自己仍要遵循那傳統的「東方美德」、「三從四德」等舊觀念。

## 5堅毅型的坐姿

這類人喜歡將大腿分開，兩腳跟併攏，兩手習慣於放在肚臍部位。

這種人有勇氣，也有決斷力。他們一旦考慮了某件事情，就會立即去付諸於行動，自然在愛情方面，他們一旦對某人產生好感，就會去積極主動地表明自己的意向，不過他們的獨占欲望相當強，動不動就會干涉自己戀人的生活，時常遭到自己戀人的討厭。

他們屬於好戰類的人，敢於不斷追求新生事物，也敢於承擔社會責任。這類人當領導的權威來源於他們的氣魄，其實很多人並不眞心地尊重他們，只是被他們那種無形的力量威懾而已。從另一個角度來說，他們不會成爲處理人際關係的「老手」。當他們遇到比較棘手的人際關係問題時，他們多半只有求助於自己的老婆。但是如果生活給他們帶來什麼壓力的話，他們一定能夠泰然處之。

## 6放蕩型的坐姿

這種人坐著時，常常將兩腿分開距離較寬，兩手沒有固定擺放處，這是一種開放的姿勢。

這種人喜歡追求新奇，偶爾成爲引導都市消費潮流的「先驅」。他們對於普通人做的事不會滿足，總是想做一些其他人不能做的事，或許不如說他們喜歡標新立異更爲確切。

這種男人平常總是笑容可掬，最喜歡和人接觸，他們的人緣也確實很好，因爲他們不在乎別人對他們的批評，這是其他人很難做到的。從這方面來說，他們很適合於做一個社會活動家或類似的工作。

不過，這類人的日常行爲舉止著實不敢讓人恭維，或許很多這種類型的人還沒有認識到他們的輕浮給家庭和個人帶來的煩惱，這只能說，他們還沒有到這一天。

## 7冷漠型的坐姿

這種人通常將右腿交疊在左腿上，兩小腿靠近，雙手交叉放在腿上。

這種人看起來覺得非常和藹可親，狀似菩薩，很容易讓人接近，但事實卻正好相反，別人找他談話或辦事，一副愛搭不理的舉動，讓你不由得不反思：「我是否花了眼？」你沒有花眼，你的感覺很正確，他們不僅個性冷漠，而且性格中還有一種「狐狸作風」，對親人、對朋友，他們總要向人炫耀他那自以為是的各種心計，以致周圍的人不得不把他們打入心理不健全的一類人。

這種人做事總是三心二意，並且還經常向人宣傳他們的「一心二用」理論。自然，他們的品行更適合於在月球上生活。

## 8 悠閒型的坐姿

這種人半躺而坐，雙手抱於腦後，一看就是一種怡然自得的樣子。這種人性格隨和，與任何人都相處得來，也善於控制自己的情緒，因此能得到大家的信賴。

他們的適應能力很強，對生活也充滿朝氣，做任何職業，好像都能得心應手，加之他們的毅力也都不弱，往往都能達到某種程度的成功。這種人喜歡學習，但不是很求甚解，可能他們要求的只是「學習」而已。

他們的另一個特點是個性熱情、揮金如土。如果讓他們去買東西，很多時候他們是憑直覺的喜歡與否。對於錢財，他們從來就是把它看做身外之物，「生不帶來，死不帶去」，以至於他們時常不得不承受，因處理錢財的魯莽和不謹慎帶來的苦果，儘管他們賺的錢不少。

他們的愛情生活總的來說是較愉快的，雖然時不時會被點綴上一些小小的煩惱。這種人的雄辯能力也很強，但他們並不是在任何場合都會表現自己，這完全取決於他們當時面對的對象。

## 9坐著時動作的變化

以上探討了坐著時不同的姿勢，下面再來探討坐著時的動作。同樣的，坐在椅子上的行爲，也因人而產生各式各樣的坐法。有的人是把全身猛然扔出似的坐下，有的人則慢慢坐下，也有些人小心翼翼地坐在椅子前部，還有些人將身體深深沉下似的坐著。此等行爲，無不坦白地說出各人的心理狀態。那麼，在身體言語術上，對以上行爲做何解釋呢？

姑不論是否初次見面，只針對猛然摔坐椅子上的人進行分析。當我們看見某人猛然坐下的行爲，一定視爲不拘小節的樣子，其實，完全出乎您所料的情形很多。換句話說，在他所表現似乎極端隨意的態度裡，其實是在隱藏內心極大的不安。這是由於人都具有不願被對方識破自己眞正心情的抑制心理，尤其面對初見面之人，此一心理更加強烈。像此種人坐下後，往往便表現出有些不安、心不在焉的態度，由此更可立即看出其心情。當然，知心朋友之間則不能一概而論，應視爲與其態度一致的心情表現。

那麼，坐下之後怎麼樣呢？舒適而深深坐入椅內的人，可視爲在向對方表現處於心理優勢的行爲。因爲本來所謂坐的姿勢，是人類活動上的不自然狀態，坐著的人必然在潛意識中想著立即可以站起來的姿勢。心理學上，稱它爲「覺醒水準」的高度狀態，隨著緊張的解除，該「覺醒水準」也會因而降低。因此腰部是逐漸向後拉動，變成身體靠在椅背、兩腳伸出的姿勢。此並非發生何事，立即可以起立的姿勢。這是認爲跟對方不必過份緊張之人所採取的姿勢。

可是，與此相對的，始終淺坐在椅子上的人，是無意識地表現著其比對方居於心理劣勢，且欠缺精神上的安定感。因此，對於持這種姿勢而坐的客人，如果同他談論要事，或托辦什麼事，還爲時過早，因爲他還沒有定下心來。

# 19 從坐姿窺探對方心理動向

坐姿是心靈的暗示。從坐的方式、坐的姿態、坐的距離中，都可以窺出一個人眞實的意思，瞭解一個人心理上的動向。

在日常生活中，人們的坐姿各具特色，不一而足。每一種坐的方式，似乎是無意，而從這貌似隨意中，卻可以探出其心理活動的規律。正確地觀察一個人，就必須觀察坐姿的三個基本要求：一是他坐下時與對方所保持的距離；二是此人對對方所採取的坐的方向；三是此人的坐姿是何種形態。

## 1從坐的距離觀人

談到坐的距離，這個距離的大小，足可顯示出侵犯對方身體空間的程度。也就是說，互不相干的人，假使距離過近，當然會產生不愉快或不安的感覺。彼此亦構成侵犯對方的領域。

相反，如果兩人是情侶的話，即使身邊空位再大，他們也會擠在一起卿卿我我。以此類推，同樣是一個機關的工作人員，那些與主管溝通良好的人與對上級持有反感情緒的人員，其與上級之間選擇座位的距離就會有所不同。

排座也相當有意思。領導賞識的人，或者想討好主管的人會坐在主管的兩旁或靠近的地方，以表示自己的忠誠與專心，而主管不喜歡的人，或對主管抱有不滿情緒的人，通常會坐在離主管遠的座位或者某個角落。這就表明了兩者心理上的距離如同其座位間的距離一樣大。

## 2從坐的姿態觀人

坐在椅子上時，有許多人馬上腳就交疊或扶住椅把。坐在椅子上馬上將腳交疊的人，是不喜歡輸給對方且有對抗意識的表現。女性坐在車裡或客廳、辦公室等地方，腳經常交疊的人也很多。

和上司或顧客談生意時，或會面時腳交疊的時候，會被對方視爲驕傲的人，有損對方對自己的印象。

女性兩肘靠在桌面上交疊時，同時又不斷反覆交疊後放下，放下之後又交疊時，是很關心對方男性的表示。在交談之間，先將腳疊起來的人，是表示自己的優勢。另一種腳稍微疊起一點點是表示心裡的不安。

在楊子榮初見坐山雕時，楊子榮憑著一雙偵察員的眼睛，看出坐山雕蹺起二郎腿，端坐在虎皮椅上，是爲了表現居高臨下的優勢，用意是想探出楊子榮的來路和虛實。憑著豐富鬥爭經驗的楊子榮一開始就與坐山雕在打一場心理之仗。結果自然眾所周知，楊子榮料敵於先，從坐姿看出坐山雕的虛張聲勢，而後從容而對，取得了坐山雕對他的信任，順利地完成了打入敵人內部的任務。

## 3 從坐的場所觀察人

一般的情況下，寧可坐旁邊而不坐正面的人，是要推測對方的心理。在大酒店的俱樂部，女侍者往往坐在客人的旁邊，也是有這種心理。情侶在一起的時候，也是這種心理的表現。但也有些不是情侶，而坐在自己旁邊的時候，當然也是推測心理的一種表現。此外這也含有親近感、愛情或者不安定的精神狀態和邪念等。

坐在對方的正面時，是想使對方瞭解自己。此時的特徵是敬意、哀怨、拒絕、觀察、小心等。初次見面和在生意上與對方接觸時，這種場面經常可以見到。所以請客時，把主賓請坐上位的禮貌，也是由此開始。

也有些人喜歡找靠近房間門處的座位坐下來。這種人的權力意識強烈，但同時另一方面也有謹慎之處。此時的特徵含有警戒、小心和監視的意味。

## 4 乘車選座觀人術

一般而言，素不相識的人在一個狹小的空間裡，也會潛意識地保留一定的空間距離。彼此不熟悉的人，靠得太近，容易引起他人心理上的不安和不快。在社會生活中，從這些乘車選座的小動作上，可以是瞭解一個人的很好機會。

就乘車來說，在始發站的車內，靠窗戶兩邊的座位會有人搶著坐。這是因爲最先上車的乘客總是想與其他人保持距離，盡可能找偏遠位置而坐；其次，則選中央位置；然後，逐次坐填其他空位，直至坐滿爲止。

這種方式選擇座位的人，大多數是屬於性格拘謹、與世無爭的人，他們缺乏積極的競爭意識，他們一方面維護自己的身體空間，另一方面也是尊重他人存在的一種表示。

但是，假使車內人潮洶湧的話，就無法有充裕的身體空間了。人們相互間擠來擠去，甚至動彈不得。這個時候他就會產生不愉快的感覺，不僅是由於個人身體失去自由而引起的，也因爲心中認爲自己的固有空間受到侵犯而造成。處在這種狀態中的人，就會試圖忘記自己的存在，把視線投到漫無目標的方向去，猶如自己變成物體任意受人擺佈。因爲既爲物體，就不需要有任何意識的感情存在，而得以泰然處之。

這是大多數人在一般人際關係中，選擇座位的方式。也就是說，在沒有感情好惡的特殊心理關係情況之下，謹慎的人大都會選擇足以保護身體空間的座位。

## 5坐姿穩若泰山型與淺坐型

對人類而言，站立的姿勢，乃是最適合活動的一般狀態。

我們在坐著的時候，往往以立刻站起來的姿勢爲前提。淺坐於椅子上的情況，就是一個例子，顯得比較緊張，而且處於隨時可採取行動的狀態。在心理學中，稱之爲「警覺性」高。但是，一旦處於放鬆狀態時，「警覺性」便會降低，而且會悠然穩坐，大蹺二郎腿。

凡是坐姿穩如泰山的人，在精神上大都處優勢地位，或者是有意處於優勢地位者，而居於劣勢地位的人，大都採取立即站立的坐姿。這種隨時都在保持淺坐姿態的人，是在潛意識中欲表現對他人的恭敬和洗耳恭聽的緣故。

此外，由一個人的坐姿所表現的心理，也有許多種。例如，一坐下來立刻蹺起二郎腿的人，大都深具戒心及不服輸的對抗心理。東方女性一般都沒有蹺腿的習慣；因此，敢大膽蹺起二郎腿的人，表示對自己容貌頗具信心，也希望由此引起男人的注意。因此，這種女子自尊心極強，刻意賣弄風姿，雖然可比較隨便與異性交往，但要贏得芳心或以心相許並非易事。

## 6 欲坐在客廳內角的人，權力欲較強

大致而言，背向房間內角而坐的人，要較背向入口處坐的人，具有心理方面的優越感。一個犯罪組織的首領，每當進入老主顧的飯店時，必定坐在最靠內角的座位，背向牆壁，以便監視入口處，如此一來，一旦有殺手衝入，即可立即應付，而且由於後面是牆壁，沒有從背後被殺之危險，實爲最安全的位置。日本古代的諸侯，也都是背向牆壁而坐，裡面的暗洞中，則躲著持有武器的衛士，一旦到了危急之際，可立即跳出來採取行動。同樣的，在西方社會以高樓大廈做爲辦公室的大企業、大公司裡的董事長辦公室，也大都位於最上層的一個角落，而且，可以目視入口，背向大窗戶。這種狀況同樣是爲了解除背後的不安全感而設立的。

在現代企業中，有這樣的一種面試方法，稱爲「緊張面試」。即主試人坐在房間內角的桌子後面，應試者則背向門口而坐，雙方採取對坐方式。應試者由於背向門口，因此，心中容易忐忑不安。此種方法試圖從應試者在不安定的心理狀態中，瞭解其內心深處的反應。

由這些事例可以得出這樣的一個結論：在聚會場所裡，盡量往裡面坐的人，其權力欲也必定較強，同時，這種人對於可能加諸於本身的威脅，也特別敏感，因而會變得較爲神經質，凡事小心謹慎，有心理疾病的傾向。

# 20 根據性格特點去識別對方

通過觀察去瞭解他人是一個良好的途徑。觀察法是指在特定的環境中，對某個人的各種表現、待人接物等等方面進行考察，得出綜合印象，再經過自己的分析加工，最後把握其本質特點然後觀其本質，而察其爲人。這種方法是最易於實行的一種方法。因爲它既不需要觀察者去親自接觸其觀察的對象，也不需要有意安排或預先準備，只需經常與其一起參加活動，能夠在各種場合中看到其表現就行了。

### 1脆弱之人

性情溫柔和善，平易近人，往往又愛多愁善感，缺乏陽剛果敢之氣，有優柔寡斷之嫌。但這類人的優點和長處在於內心活動敏銳，感受深刻，若從事文化藝術事業或宗教慈善事業，往往有可能做出一定成就。

### 2狂躁之人

大多不滿現實，愛憤世嫉俗，對社會弊病總喜歡痛斥其不足，個人品性往往是耿介清高，自成一格，這類人有幹勁，又聰明，肯發奮，持之以恆，終能有過人的成就。歷史上如鄭板橋等人，就屬這一類。注意不可過於狂傲，失去分寸。

**3慵懶之人**

大多有才可恃，對世俗公認的行爲準則和倫理規範不以爲然、滿不在乎，由此引發而爲怠慢懶散、倨傲不恭。這種人，心性坦誠而純眞，呼朋引伴，廣交天下名士。如果某種事業或某項工作確實吸引了他們，他們會全身心地投入其中，而孜孜不倦勤勉無比。此種人斷不能做官。

俗話說，聰明人十有九懶。這種人思想敏銳，但不肯動手，最好給他配備合適的助手，協助他去實現他的精思妙想。聰明人多懶惰不堪，但也並不是一無所長。

聰明人疏懶態主要表現在他不感興趣的事上，而對於有興趣的事，他會做得很好。因此不宜強迫他做他不願意做的事，而應引導他到其興趣所在處，則事半功倍矣。

這類人的文人傾向較重，因此如非所願，所擔當的職務一般不宜過長，數年一遷，使之不覺太枯燥乏味，則能調動、改善其積極性，也能避免貪汙受賄。

**4周全之人**

智慧極高而心極機警，待人則能應付自如，接物則能遊刃有餘，是交際應酬的高手和行家。這種人是天生的外交家，做國家的外交官或大家豪門的管家，任大公司或大企業的公關先生或公關小姐，都能愉快勝任。其辦事能力也很強，往往能獨當一面。

**5博學之人**

在生活中顯得博學多才；其缺點是談論正事時，雖能講得頭頭是道，但沒有可取之處。

**6淺解之人**

用意浮淺，凡事不能深思熟慮，其優點是聽到一些精彩的言論，就很快地加以模擬應用，明而愉悅；其缺點是對該言論需進一步深入研究時，卻又嫌麻煩而不去做。

**7寬恕之人**

反應緩慢，其思考的速度非常緩慢，其優點是論仁義之時，顯得詳細又有規範；其缺點是論及實務操作時，由於遲緩而跟不上步伐。

**8溫柔之人**

用意溫潤，不在美好與強毅上盡心盡力，其優點是爲人處事上講求和平順暢；其缺點是遭遇難題之時，就會顯出他軟弱的一面，往往用逃避的方法加以解決。

**9好奇之人**

用意奇特，其性格是接受新事物，其優點是精於謀略，不受禮法約束；其缺點是依清規戒律而論，因不瞭解新事物形成浮誇習氣。

# 21 從性別差異認識男人和女人

男性和女性，這種生物學上的差異，卻往往表現在心理上、文化上等諸如此類的種種差異。做爲人類劃分最爲明顯的「兩大陣營」，我們在研究「體語」的文化背景時，就不得不對二者在「體語」上由於性別的不同而導致的差異進行研究。

男女的性別差異有三個層次：

性器是男女「第一次性徵」的標誌；

青春期的男女在生理上的重大變化是「第二次性徵」；

在知、情、意、行方面表現的性差，則是男女的「第三次性徵」，或者叫「心理的性徵」。

一般來說，前兩個層次的性差異是純生理方面的，後一個層次則是心理方面的。而男女之間的性別差異在身體語言方面而言，主要是在「心理的性徵」上反映出來。

荷蘭心理學家海曼斯認爲，女性比起男性，拙於理論的、抽象的思考能力，而感情的傾向則較強。

根據另一位心理學家調查所得的結論，男性比女性優越的方面有：對空間與時間的知覺、重量感覺、數學、繪畫、政治活動及實際活動的傾向、職業觀念、權力欲、名譽欲、勇氣、機智、思慮等。女性比男性優越的特性，則有：味覺、聽覺、色彩感覺、想像、書法、手工、外國語言、博愛主義、宗教心、禮貌、勤勉、規律、謙虛、情緒性等。

不久前，美國賓夕法尼亞大學醫學院嗅覺及味覺研究中心的杜提主任，經過一系列的實驗證明：女性的視覺、聽覺、嗅覺、味覺和觸覺等五項感覺官能，都比男性強。

如果這樣把男女兩性的性差列舉下去，那眞是無涯無際的。不妨做個概括性的綜合：一般說來，男性感知事物面較寬，女性感知事物較細；男性空間定位能力較強，女性語言表達能力較強；男性注意力多定於物，女性注意力多定於人；男性理解記憶和抽象記憶能力強，女性機械記憶和形象記憶能力強；男性邏輯思維能力強，女性形象思維能力強；男性在抗干擾和複雜環境中解決問題的能力強，女性在安靜環境裡解決問題能力比較穩定等。

顯然，這些特點都是長處與短處的交叉聚合。社會心理學指出性別差異這個概念的目的，並不是要證明誰優誰劣，更不是主張男尊女卑或女尊男卑。

我們在「閱讀」體語時，應當有一點「性差觀念」。

「落日餘暉帶著一抹可愛的淡紫色，是嗎？」

假使你看見這行引自一幅漫畫的醒目標題時，假使你又不得不猜猜說這句話的人的性別時，你會說些什麼呢？

多數人會認爲說這句話的人是位女性。是的，我們大多數人都知道哪些說法對男子是合適的，哪些說法對女性是合適的。「可愛的」、「淡紫色」這些詞聽起來恰恰不像是一個男性可能（或者應該）說的。

事實表明，「說話的腔調」這樣體語中，存在著男女性差。

女性比男性更多地使用附加疑問句，就是放在陳述句結尾處的短語，使陳述句變爲疑問句，例如，「這個節目十分精彩，是嗎？」

專家們在測驗中發現，女性使用附加疑問句的次數是男性的兩倍。對此的一般看法是，男性較少使用附加疑問句的傾向，說明了他們運用語言的自信和力量；而女性使用附加疑問句較多的傾向，則是爲了避免使用武斷的陳述來解決問題，因爲附加疑問能鼓勵其他人發表不同意見，所以這正好反映了她們對人際關係的敏感和脈脈溫情。

在交談中，男性打斷女性談話的次數遠遠高於女性打斷男性談話的次數。專家們提出的具有代表性的解釋認爲，插嘴是權力和支配的表現。這是說，插嘴的人獲得了交談的控制權，而這正是一種人際間的權力。

由此可見，對這種性別差異的解釋表明，男性表現出的權力和支配欲望是超出女性的。

研究表明，女性和男性還具有使用某些不同語調的傾向。

女性大多使用驚訝、難以料及、愉悅溫和的語調。而男性在他們的語調中則只運用三類對比程度的音高，女性則還運用第四類音高，這個附加程度是最高的音程。女性這個語調的特色，可能有助於表達其無限寬廣、細膩的感情。但是，這可能使女性的言談帶有濃厚的感情色彩，聲調也尖聲細氣。

在說話的輸出量方面，女性與男性也是大不相同的。有關專家曾做過一次別開生面的「語言測驗」，他把曼徹斯特大學的男女青年以說話時間的長短分別測驗：將一群女生依說話時間的長短（30秒、60秒、90秒、120秒）分爲四組，然後要她們在規定的時間內就相同的話題說話；男生也做同樣的試驗。結果，女生均比男生說的話多，女人說話的輸出量比男子爲多。

因此，我們在「閱讀」體語時，不妨注意一下「女人就是話多」這個性差特徵。

在個體空間方面，男性一般都願與他人保持稍遠的距離，而女性則傾向於和他人靠得近一些。比如，在展覽館裡觀看展覽時，女性之間站得比男性之間要近得多。

女性總是比男性更愛笑。

微笑被稱爲是女性的一種緩和的方式，這等於是說「請不要對我無理和粗暴」。微笑似乎成了女性角色的一部分，大多數女性在聚會、舞會和其他公開場所中，都能以微笑來展現自己的端莊和嚴肅。當然，在這裡笑並不表明就是快樂，而是反映了這樣一種信念，即微笑是最適合於這種場合的。所以，婦女的微笑並不一定反映肯定的情感，有時甚至可能和否定情感交織在一起。我們在交往中應當注意這個性差特徵。

這也是男女的「體語」中的一個神祕「性差」：男女哭泣流淚也有別。

本來哭不是人爲的，有值得哭的事情發生才能開啓哭的樞紐。對於男性來說，普遍的準則是，「男兒有淚不輕彈」。但女人都能創造人爲的哭，不必驚動情感，便能指揮眼淚機關，要哭就哭，她們流淚的機能也似乎特別發達。美國科學家在對三百個成人進行綜合調查中發現，男子漢平均每月哭泣一次，婦女則平均每月哭泣四次。其次，男子漢的眼淚可滯留眼眶不流出，而女人的眼淚則大多會「奪眶而出」。此外，男子漢的哭泣可中途「嘎然而止」，而女性則不能。

此外，女性往往聳肩聳得比男子高一些。

一對情侶在交談中，她往往喜歡面對著他，有意無意地做些小動作，如撫弄垂到胸前的頭髮、整理衣服等，來吸引他的注意；而他卻會經常環顧四周，眺望遠處，竭力擺出一副男子漢大丈夫的姿態。據觀察，女子比男子更多直視對方，這是因爲女性更關心個人之間的關係；而男子常常環顧四周，表示男性更關心整個世界，要履行男子漢保護女性的職責。男子這種「體語」，也是在力圖給對方留下符合自己個性的印象。

在談話時抖動雙腳，這裡也有性別差異。

談話時抖動雙腳的男人，是傾向於「完美主義」，且心中常有不滿足感的人。

日本一位心理學家在分析男性這個小動作時指出，抖動雙腳是一種防止血液循環停滯的行爲，從身體和心理關係的分析研究，我們得知對身體的某一部分給予小小的刺激，就會通過中樞神經傳達到腦部而解除精神上的緊張。因此可以說，經常抖動雙腳的男人，表示他精神緊張的程度很高，不得不藉著抖動雙腳來舒解。對任何事情都會嚴格要求且追求完美的人，現實的一切永遠無法滿足他內心的期望，所以他就不斷地感覺不滿，所以會頻頻地抖腳來發洩心中的鬱悶。然而，女性在與男性交談時如有這個抖腳的動作，則是下意識地表示自己有個輕鬆的心情，是對男方表示好感的一種「體語」。如果在這個時候，男方突然講出些不愉快的話，這位女性由於接收到不愉快，那個輕鬆的抖腳動作也會立即停止。

按照西方的習慣，當人們彼此介紹，親切握手，互道寒暄之後就該坐下來喝一杯了。這時，從人們拿杯子的不同手勢中，也能在某種程度上看出他們的個性特點。

在婦女當中，興奮型女子總是愛把酒杯平放在手掌上，一邊喝酒，一邊滔滔不絕地說話，反映出她們活躍好動的特點；有些追求地位的女子，握住高腳杯的手是食指的前伸，她們只對有錢、有勢、有地位的人感興趣；忙於瑣事的女子喜歡玩弄酒杯；闖江湖賣藝女子總是不停地把空酒杯翻過來、倒過去；一些屬於沉思型的女子，愛用一隻手緊緊握住酒杯，而另一隻手則無目的地劃著杯沿；還有一些女士專門喜歡聽別人談話，她們往往緊握酒杯，有時甚至把杯子放在大腿上，以便更集中精力地聽人談話。

但男性卻表現出不同的跡象。例如，豪爽型男子喜歡緊緊抓住杯子，拇指按著杯口；有主見的男人則把杯子緊握掌中，拇指用力頂住杯子的邊緣；還有些沉思型男子常常是用兩隻手抓住酒杯；有一種善於僞裝自己的男子，他們總是用手捂在杯子上面，就好像用同樣的辦法巧妙地掩蓋自己的情感一樣。他們從不在別人面前暴露自己，與這種人打交道還是小心爲妙。

# 22 從兄妹排行中分析人的性格

不同的家庭，其子女個數往往是不盡相同的。家裡有幾個孩子，以及自己在幾個孩子中處在什麼樣的位置——也就是說出生排行的順序，這在一定程度上也關係到一個人的性格特徵，通過它我們可以看懂一個人。

在家排行老大，是最大的孩子的人，比較有責任心和事業心，對父母長輩以及弟妹們會傾注很多的時間和精力，關心照顧他們。他們很能體諒長輩的難處，所以會顯得相當懂事，盡最大努力幫助家人分擔責任。他們能夠保持家業和家庭的名聲，對生活中的憂慮和苦惱易於感受到。他們不會輕易地去冒什麼風險，這並不是說他們缺少這種精神和魄力，而是他們必須要考慮做完以後所帶來的不良後果，並要爲此負責。

排行老二，在中間位置的人，性格多是自由而且散漫的，他們比較開朗，生活態度也是相當積極和樂觀的。他們待人比較親切和隨和，所以能和很多人很好地相處。他們的隨機應變的能力很強，往往能夠非常輕鬆地應付各種人和事情。他們大多有很高的人生追求和目標，並會爲此而非常努力。但他們又比較頑強和固執，希望按自己的意願行事，否則就會有很強的反抗情緒。

排在第三，因爲相對較小，難免要嬌寵一些，正因爲這樣，才會養成他們一些比較不好的毛病，如任性、嬌氣、意志力薄弱、不能體諒他人等，同時還會附帶著顯得膽小、害羞、敏感、脆弱、不輕易相信別人、不善於交際等。他們常常用幻想的方式來逃避現實生活中的種種不如意，而與此同時，他們又表現得有些自命清高，爲自己樹立很遠大的理想和目標。

當然社會中還存在一些特殊的家庭，他們家中有三個以上的孩子，在此他們的性格特徵、言談舉止在此不一一枚舉。

做爲獨生子女，他們並不具備多少家中最大的孩子的一些品質，但第二個、第三個孩子的一些性格特徵，在他們身上卻都有適當的呈現，有些時候，他們甚至往往比多子女家庭中的孩子表現得更強烈一些，其中包括好的方面，也包括不好的方面。

# 根據社交表現識別對方

## PART 2

社交場合識人講究的是「快」和「準」，
容不得你細細品味，慢慢思考。
正所謂快人一步，勝人一籌。
要迅速破譯對方心理密碼，貴在見微知著。

# 1 讀懂社交場中的「微笑」

在笑的範疇之內，人們最爲推崇的乃是「微笑」。

波拿多·奧巴斯朵麗在《如何消除內心的恐懼》中說：「你向對方微笑，對方也報以微笑，他用微笑告訴你：你讓他體驗到了幸福感。由於你向他微笑，使他覺得自己是一個受別人歡迎的人，所以他也會向你報以微笑。換言之，你的微笑使你感到了自己的價值地位。」

於是有人把微笑這一「體語」比喻爲交際中的「通用貨幣」，人人都能付出，人人也都能接受。

那麼，如何辨別「微笑」此一「交際貨幣」的眞僞呢？

專門從事微笑研究的科學家一語道破了其中的奧祕：虛僞的微笑存在兩大無可掩飾的「祕密」。

首先，眞實的微笑應該包括兩組肌肉的運動，一組是將嘴角往上牽動的顴骨肌；另一組是環繞眼睛的括約肌。由於大多數人不能自覺地牽動這些眼部肌肉，因此假笑者只能牽動嘴角，眼睛卻是無動於衷的。

其次，「祕密」是假笑者的笑臉出現不對稱的現象。一般來說，他如果是一個左撇子，則他的右半臉特別強烈，而如果不是左撇子，那麼他的左半臉會做戲。

其實，眞笑和假笑在嬰兒時期就表演得清清楚楚了，一個五個月的嬰兒就能用兩組肌肉群對他母親發出會心的微笑，但對一個完全陌生的人卻只運用顴骨肌微笑了。

複雜而多樣化的微笑，就蘊藏著很多發自性格——意味深長的眾多資訊，值得我們去加以探索。

感到悲哀的清冷笑容可以從外向型人的臉孔看到。例如外向型中最認眞的「執著性格」之人，當努力變成泡影，遭遇挫折時，他就會垂下雙肩幽幽地笑起來，這時的他已經進入「憂鬱狀態」。在這種場合裡，他將跟內向型的人一樣，陷入自閉的境地，即使連笑容也顯得卑微。

總而言之，一個人喜怒哀樂的感情動向，會很自然地展現於臉上。

大體上來說，性格外向的人以爽快而明朗的心態居多，所以時常面帶笑容，即使別人感到悲傷時，他也會滿面笑容地安慰對方。

雖然說內向型的人很少有笑容，但是，他們還是有自然地笑出來的時候；但那是很脆弱而缺乏自信的笑，是類似自嘲，又有點像自虐的笑容；也是一種缺乏生氣，彷彿看透了某種東西似的，對人生感到疲憊的笑容。

性格外向的人很容易跟別人打成一片，因此，他們能夠配合絕佳的時機，附合著對方歡笑。正因爲他們不隱藏感情，率直地表現自己的內心，表情自然就會很豐富。只要看他的臉孔，就不難知道他的心態，所以很容易爲別人所理解，同時，他也是一種很好相處的人。

除了微笑之外，還有以下幾種笑的方式：

偷笑。這是很低的笑聲，也不長，有時別人未必聽得到。這表示說：你常常看到一件事情的有趣一面，而別人未必看得到。別人喜歡你，因爲你容易相處。

鼻笑。這是從鼻子裡哼出來的，因爲你要忍住笑，便忍進了鼻子。這表示說：「你傾向忍笑顯示你爲人怕羞，不想讓他人注意，你同時也是謙虛體貼的，喜歡按本本辦事，你很重視他人的感覺，而他人也會喜歡你的細心。」

普通的笑。這一類笑平常，不特別，不會太大聲，顯示這個人喜歡群眾。這表示說：「你很努力但不爭功，你很有耐性，心地好而可靠，是一位非常好的朋友。」

輕蔑的笑。笑時鼻子向天，神情輕蔑，往往是人在笑他也不笑，或只略笑幾聲。這表示說：你看不起每一個人，這其實是自卑感作怪，要把他人壓低而抬高自己，你不會有很多朋友。

緊張的笑。笑時慌張，忽然停止，看看別人繼續笑便也笑。這也是自卑的表現，缺乏自信心，笑也怕笑得不對，怕人笑你笑。你應改變一下自己，用不著太擔心別人對你的看法，人是有權笑的，即使別人不覺得好笑，你也有權覺得好笑！

此外，有一種人一笑就掩口，這也是因自卑感。

總之，無論是哪一種笑，它的背後都有極高的含金量，由笑的不同方式而識別一個人的內心動態，是最省事、最直接的方法。

笑的方式有好多種，性格外向人的爽朗笑容是屬於單純而明快的類型，至於內向型的笑容則相當複雜，而且以不明確者居多。

最明顯者爲假笑。他的臉雖然在笑，但是眼睛卻沒有笑，心中也絲毫沒笑，像戴著假面具的笑，這類笑有：對自我、對對方嘲笑式的笑容，空笑、假笑，令人莫名其妙的笑，以及充滿妄譫意味的笑。

總而言之，這是一種缺乏內容的笑容，有時笑聲高而尖銳，有時則是吃吃地笑，音量低得叫人幾乎聽不到聲音，一言以蔽之，那是孤獨而冷漠的笑容。

每當大家很快樂地笑成一堆時，內向型的人幾乎都會發出這種空笑，那並不是附和周圍的笑聲，而是對人際關係感到不安時，爲了掩飾自己的緊張，不得已而勉強擠出來的笑容。

比起外向型的人來說，內向型的笑容比較少。就算他們有任何的喜事，他們也認為不必讓沒關係的人知道，甚至可以說，他們具有一種隱藏自我的防衛意識。

# 2 根據第一印象識人

第一印象是彼此閱讀對方內在的一種快捷方式。這種方式的準確性因人而異，它是閱歷場中一棵掛滿玄思妙想之樹，深者得其深，淺者得其淺。

置身於一個新的環境，一個人的「第一印象」是非常重要的，別人對你，或你對別人都是如此。如果第一印象不佳，要想挽回，是要付出很大代價的，因爲人類有先入爲主的思維定勢，它不自覺地左右著人的思維方式。所以，在和人打交道時，必須慎重地對待這個問題。

卡內基指出：「良好的第一印象是登堂入室的門票。」這話說得對極了。我們往往與人初次見面時，都會在不知不覺中給對方造成「此人很不友善」、「此人很直爽」之類的印象。這是對方跟自己的經驗相對照，並以其體格、外貌、服裝等爲基準，使對方產生的一種觀念。如果給對方的第一印象有所錯覺的話，就很難修正自我的第一印象。即使能修正過來，也要花費很長時間、很大力氣。

初到一個新環境，每個人都會有緊張、陌生之感，只要抓住「人人都注重先入爲主」這個特點，從一開始就樹立良好的第一印象這個策略，保證你萬事如意。

你與同事萍水相逢，互不瞭解，而你的外在形象首先毫不客氣地做爲第一信號，打入了對方的眼底。機敏的人能夠在這一瞬間憑著心理定勢給你打分數。而且這種自我經驗又極其固執，人們的特點是最相信自己的最初判斷。有的人費盡心機，卻一輩子老不景氣；有的人辦什麼事都那樣得心應手，物順人從，似乎鴻運天降。其中的奧祕就在於其人的整體「形象」起了舉足輕重的作用。

當然，印象有的是假象，給我們第一印象很好的人，有時也可能是心懷叵測的小人，我們要善於透過外表看實質，不要讓印象牽著我們的鼻子轉。每個人都很難從對方臉上的表情，或言談舉止輕易斷定其心情和目的。難過的時候，他可能微笑著巧妙地掩飾，興奮的時候，他也可能故做沉思低頭不語。因此，這時他說出來的話、做出來的事不一定出自於內心的本意。

由於社會生活的複雜性，每個人在不同程度上，都會戴上面具來應對現實。隨著時間和閱歷的增長，每個人的面具會越來越巧妙，很難被人察覺。久而久之，這就轉變爲一種社會性的心理思維定勢，一種習慣。隨之而來的世故圓滑也是成熟的標誌之一。想一想自己，不也是如此嗎？自己的喜怒哀樂，何曾明明白白表露在他人面前，而不加任何掩飾呢？真可謂人心難測。這是我們通曉人際交往祕訣的前提條件。

人際交往的初次印象，往往是非常強烈、鮮明的，並且成爲正式交往的重要背景。一對結婚多年的夫妻，最清晰難忘的，是初次相逢的情景，在什麼地方，什麼情景，站的姿勢，開口說的第一句話，甚至窘態和可笑的樣子都記得清清楚楚，終生難忘。

初次印象包括談吐、相貌、服飾、舉止、神態，對於感知者來說都是新的資訊，它對感官的刺激也比較強烈，有一種新鮮感，這就如同在一張白紙上，第一筆抹上的色彩總是十分清晰、深刻一樣。隨著後來接觸的增加，各種基本相同的訊息的刺激，也往往蓋不住初次印象留下的鮮明烙印。所以第一次印象的客觀重要性還是顯而易見的，並在以後交往中發揮「心理定勢」作用。給人的第一印象如果是呆板、虛僞、不熱情，對方就可能不願意繼續瞭解你，盡管你尙有許多優點，也不會被人接受。而如果給人留下的印象是風趣、直率、熱情，盡管你身上尙有一些缺點，對方也會用自己最初捕捉的印象幫你掩飾短處。

社會學家發現，人們對在公眾場合總趨近衣著整潔、儀表大方的人，或衣著略優於自己的人，會留下較好的第一印象。

另外，一個人有沒有才氣最容易從講話中表現出來。有才氣的人一張嘴，那準確的語義、邏輯的力量、豐富有趣的內容立即會吸引對方。相反，吐字模糊、夸夸其談、內容平庸，都對人產生不了吸引力。

當年曾國藩一見到江忠源便對人大加讚揚道：「此子必名揚天下，地位不在我之下。」雖然說曾國藩精於鑑人，但江忠源給他留下的第一印象，是曾國藩後來積極提拔江忠源的關鍵所在。

在留給人的第一印象中，容貌是首先被納入視線的，與人接觸，交往最初的印象還是容貌，它是遞給人的一張醒目的名片。

容貌實際上是兩個概念，一個是「容」，一方面指手足、腰背、乳臍等；一方面指人在坐、臥、行、走等方面顯出來的舉止、情態，以及言語談吐、喜怒哀樂等。細分一下，「容」有兩個方面的內容，一指身體的靜態表現（如前所述）；二指身體的動態表現，即舉手投足。通過「容」的靜態，可以發現人的外在美，可悅人一時之樂，因此會對某人有著美好的印象；通過「容」的動態，可以發現人的品質和能力。

「貌」是指頭面上的形象狀貌，如口、眼、耳、鼻等，動態與靜態顯示的個性特徵，從廣泛的意義上講，「貌」不只是指臉部，而是整個頭部，包括印堂、下巴等。「貌」本應屬「容」的一個組成部分，由於人的精、氣、神主要表現在面部，因此把「貌」單列出來，與「容」相提並論。「貌」也包括兩個方面，一是構成「貌」的口、眼、耳、舌、鼻、眉等具體的人體器官，它是「貌」的物質部分，即基礎；二是這些器官表現出來的情態，是臉的精神表現，也屬有形無質的虛像。這種動態的「貌」就是情態。由於情態在考察人物內心活動中的重要作用，古人說面部是「列百部之靈居，通五府之神路，推三才之成象，容一身之得失」，所以心裡的眞實想法會從面部表情中流露出來，隱藏得再深的祕密，也能夠發現，只要識人者有著敏銳的觀察力和強烈的探索精神。

把人的外部形象分爲「容」和「貌」兩部分，是爲了有利於理清鑑別人的行爲活動的脈絡和層次；將人的外形特徵分爲「容」與「貌」兩方面，其目的是克服泛泛而論的窠臼，不至於流於宿命論。

第一印象固然有它積極性和正確性的一面，做爲一個社會人，要努力爭取給別人一個最佳的第一印象。但過於看重第一印象，就可能重蹈「以貌取人，失之子羽」的覆轍，這一點是瞬間看人的誤區，需要認眞的分析和對待這個問題。

古語說，相由心生。這是飽含人生經驗的一句話。心志高的人，面容常伴奮勇之色；心高氣傲的人，臉上常掛旁若無人的神色。但神色與形象美沒有直接聯繫，有人卻把相貌美醜做爲識人的標準。長得醜、奇形怪狀的人，看了的確讓人不舒服，但不能因此就把此人的才能否決。邋遢道人張三豐就不注意衣飾外貌，也不講衛生，但卻有著舉世奇絕的膽識氣概。「貌」的美醜不能當做鑑人的標準。可惜許多識人者，拂不去心中的美醜情愫，愛屋及烏，恨人及裡，只因相貌美醜，張松、龐統這樣有絕世才華但相貌醜陋的人，也因爲看起來不順眼而被趕跑或冷落之。

識人之道，在於能透過表面現象，用慧眼看穿人的本質，千萬別做「悅於色，惡於德」的傻事。

中國古人也說過：「膚表或不可以論中，望貌或不可以核能」，這正是警告人們只憑外貌不能評價一個人的品德才能。孔老夫子這人能知錯就改，他曾以言語來看宰予，以相貌來看子羽。後來他發現自己都看錯了，於是說「吾以言取人，失之宰予；以貌取人，失之子羽」，公開承認了自己的錯誤。子羽即澹台滅明，比孔子小三十九歲，欲拜孔子爲師。因爲長相醜陋，所以孔子看了他那副尊容，認爲難以成才，沒有多大出息，只是由於他是孔子學生子游引見過來的，就沒有輕易地拒絕，最終讓他留在身邊學習。子羽在孔子那裡學了三年，通過幾年的交流，孔子對他逐漸改變了原來的看法，知道子羽是個貌醜而才高的人物。子羽學成之後，南下楚國，設壇講學，使儒家的學說在南方成爲一個很有影響的學派。

所以，觀察人物時，取人外表長相的美醜，不如考察其心靈的優劣。

曾國藩的《冰鑑》一書，是他多年識人的心得體會的總結，此書與古相術有著頗爲深厚的淵源關係，後人在解讀此書時，也多是用相術的觀點去做注解。但曾國藩本人識人並不是以貌取人，而側重考察其神色、情態等，比如他識別江忠源、劉銘傳等。他的幕僚羅澤南，「貌素不揚，目又短視」；駱秉章，「如鄉里老儒、粥粥無能」。如果曾國藩以貌取人的話，是不會重用這二人的。對於識人，曾國藩在是否以貌取人上面，要比曹操、劉備高出一籌。他善於識人的原因主要在於能觀人於微，並且積久而有經驗。所以他在夾袋中儲藏了不少人物檔案，一旦需用，便能從容地按其才能委以不同的任務，而且能一一勝任。

唐朝選拔官員有明確的規定，除了考試，還要看應選者的身相口齒，這主要是出於對官員形象的考慮，就像今天對祕書、公關人員要求有漂亮的外表、優雅的風度一樣，這是能讓人接受的。但在明朝的科舉史上，以應試者的外形美醜來定奪狀元，就有點誇張了，而且有幾個皇帝都是如此。始作俑者，就是明太祖朱元璋。查繼佐的《罪惟錄》記載，洪武四年，明朝舉行第一次科舉考試。本來是郭羽中的狀元，但朱元璋覺得此人貌不驚人，不足以顯示大明帝國的新興氣象，於是將氣宇軒昂、相貌堂堂的吳伯宗點爲狀元。有其父必有其子，明惠帝登基第二年，殿試成績王艮爲第一名，但明惠帝嫌其形象不佳，就改爲第二。但誰來當狀元呢？閱卷大臣有主張定胡廣的，也有主張定湯溥的，誰也說服不了誰，惠帝就命令宣胡廣、湯溥上殿，親自定奪。胡廣先上殿，惠宗見他文雅秀氣、儀表堂堂，就「一見鍾情」，定他爲狀元。這樣的取士方法只能貽笑大方了。

# 3 開場白太長的人缺乏自信

為促進彼此的人際關係，大部分人交談前都會先有一段開場白。的確，和對方見面時，如果不先說點引言，就直接切入重點，可能會令人對自己的意圖產生誤解，從而產生戒心而不易溝通，所以在商業會談中，開場白是不可或缺的。

但若一個人開場白過長，聽者不易抓到說話的重點，不過是浪費時間，徒增焦急。但不知為什麼仍有人喜歡把開場白拖得很長。

首先，可能是說話者對聽者的一種體貼。若對方是個敏感仔細、易受傷害的人，直接談到問題重點，可能會對對方造成衝擊。所以說話的人就刻意拖長開場白，以顧慮對方的反應。

另一種人則考慮若開場白太過簡短，可能會使對方誤會或不悅，因而留下不好的印象。基於這種不安，所以延長開場白。

由此可知，說話者無非是為了更詳細地表達自己的意思，所以才有很長的開場白。

開場白太長固然令人不耐煩，但有的人卻矯枉過正，在面對上司、前輩時，深怕自己過長的開場白會使對方產生反感而遭斥責，所以不斷地顧慮對方態度，這就太反常了。

此外，有人應邀演講時，也難免會把開場白拖得很長，這則是爲缺乏自信所做的一種辯解。

爲什麼有人要利用開場白爲自己辯解？

通常說來都是爲了隱藏自己的不安，於是，有些人就會藉很長的開場白來爲自己辯解，所以，這種人應是小心翼翼型的人。

## 4 主動當介紹人的人喜歡自我表現

「聽說你明天要到外地出差，那裡正好有很多我的好朋友，你只要向他們報上我的名字，保證你辦事會很順利。」有的人就是如此，別人還未請他幫忙，就主動爲即將出差的人介紹朋友。

如果這位出差的人士靠這位仁兄的介紹，得到當地朋友的特別照顧，同時藉著這些人的面子和信用，的確能順利地開展工作，甚至他們還體念你剛到陌生的地方，晚上帶你四處遊樂，那麼這種人的好意實在不錯。但多半情形都是盡管你按地址找到了其人，情況卻與預期的不同。

其中原因可能是因爲被推薦人並不像介紹人所說的可以信賴，而且他們兩人也沒什麼特別親密的關係，所以才會得到冷淡的待遇。

如果出差的地點是在國外的話，這個介紹人想發揮自己影響力的欲望也就更強烈，所以我們可聽到他說：「喂！你這次是不是要到倫敦？你可以拿我的介紹信去拜訪這個人，或者你到了紐約去找這個人……」如此一一介紹。

而當事人若信以爲眞，拿著那封信拜訪被推薦人，結果可能又和前述境遇相同，不但自己的期待幻滅，對方也許根本不知道介紹人爲何許人。

這種人，爲什麼如此熱衷於幫別人介紹朋友？

原因之一就是這些介紹人可以通過爲人介紹這一行爲，來滿足自己愛管閒事的衝動。當然，他們一方面是出於好意，體念朋友人地生疏，但另一方面，也是向朋友表示他有不少知心好友，他很有辦法。

但這些人的想法未免太單純，因爲他們既然要替人介紹，至少應該知道必須對當事人雙方負責任。這些介紹人，表面上看來似乎很樂意照顧別人，本著「助人爲快樂之本」之心，事實上他們無法發覺自己並未盡到介紹人的責任，只是以此滿足自己而已。

總之，喜歡替人介紹的人，往往是希望表現自己的能力，卻並未眞正替被推薦人或第三者考慮。所以，各位不要把他們的行爲和眞正喜歡照顧別人混爲一談。

# 5 強求別人應邀的人自私而虛榮

社交場合，有很多人喜歡用強迫的方式邀請別人，別人明明是不願意，他們仍然堅持再三要求別人應邀，總之就是他們忽略了拒絕者的心意和立場。

這種人面臨對方拒絕時，會一再重申自己的意見，以爲如此對方就不會再拒絕，觀察這些不顧對方推卻仍勉強邀請的人，可推測其大約有四種想法。

**第一種是把對方的拒絕看成客套**。這時，邀請的人就會勸告對方：「你不必這麼客氣嘛！」但對方如再次拒絕，他仍要求：「我看你眞是太客氣了，現在都已經下班了，你就輕鬆一點，不必這麼認眞嘛！」一再發揮他推己及人之心。

**第二種是，主觀地以為對方如果拒絕，就等於斷絕了他們的關係**。所以當對方推辭時，會覺得很失望，認爲對方太冷淡。這種人遭對方拒絕時，則會表示：「我誠心地邀請你，你卻一再拒絕，眞是太不夠意思了！」

這種人試圖勉強對方，當對方推辭：「你實在有所不知，因爲我已經和太太約好了，所以眞的沒辦法」時，邀請人仍不放棄，還故意刺激他：「我看你是怕太太吧！」以話中有話的方式來激將。甚至邀請者還會聯想：就是他太太在破壞我們兩人的友情。

**第三種和第二種類似，邀請人一個人玩樂時，會覺得寂寞而缺乏勇氣，所以邀請的對象都是固定的**。由於邀請人和被邀請人有共同玩樂的經驗，且認爲兩人搭檔得天衣無縫，所以就想強迫對方同樂藉以壯膽，換句話說，其實邀請人根本是依賴對方，因無法獨自取樂而勉強對方。

**第四種，邀請人希望對方滿足其虛榮心，聽他炫耀，或讓他發洩不滿和惱怒的情緒**。

只要仔細分析這些邀請人的動機，就可以瞭解對方爲什麼會出現這種強迫行爲。這類人，希望自己依賴的對象能滿足自己的傾訴等欲望，所以完全忽略他人的權利和心理動機，勉強別人來滿足自己的欲望。

# 6 喜歡揭人隱私者的心理動機

也許沒有人不喜歡聽他人的隱私，所以報刊雜誌，才會樂於報導政治家、企業家、明星的新聞。

據說女性很喜愛這類報導，但男性也不遜色，往往他們喝酒時，也會談起工作單位中他人的消息，一來這可使其解除在工作單位中的緊張；二來也可以得到工作單位中得不到的情報。

同一工作單位中的四五個同事聚在一起，話題總喜歡圍繞工作單位中的馬路消息打轉。此時，有的人扮演的是提供話題的角色，在大家面前揭露隱私；有的人則扮演聽眾的角色，於是說閒話的條件便成立了。

深究這種揭人隱私提供話題的人與聽眾，其心理動機到底何在呢？

**1想排解欲望得不到滿足的心理鬱悶**

這種類型的人大半是與上司的價值觀有差異，而自己的意見未被採納，心中感覺不痛快，才會提供這些話題。

當然，他自己並不把這種情形當做是自己本身的問題，而認爲是全工作單位的人都對上司感到不滿，所以他有義務揭露上司的隱私，讓大家的憎恨與攻擊欲望得到滿足。因此這種人往往會在言談之中，容易說一些刻薄的話，並希望聽眾能與自己站在同一立場上。

### 2基於嫉妒的心理

這一類話題的對象，不是上司、部下，而是同事，所以，這類話題容易得到上司的賞識，並且深受異性的歡迎。所提供的話題，內容往往是對象的私生活，以企圖破壞其形象。如果再加上聽眾對這個對象不懷好意，提供話題者的目的就更易達成。

### 3聽眾可以通過種種隱私，掌握工作單位裡上司不為人知的一面

由此，聽眾得到與以往截然不同的印象，也許以前認爲話題的對象是個不知變通的人，想不到聽了他的有關傳言，才知道他原本很有人情味。或者平常看他說得天花亂墜，事實上不過是個庸俗的人物。

### 4大夥兒聚在一起時，窺探別人私生活

提供消息的人，無非是心中對對象懷有敵意、羨慕、自卑等情結，而聽眾的心態多半亦如此，所以才會注意聽。但一旦聽眾認爲提供話題的人所說的內容與事實不符時，就會把這個人當做造謠生事的人，而對傳聞置之不理。

# 7 如何識別對方謊言並使之說出真話

交際中，我們已經瞭解了一些識破別人謊言的招術，那麼，現在我們就針對「如何去識破對方並使他說出真話」這一話題來討論。

## 1 如何使對方解除心中的武裝

正在說謊或試圖說謊的人，他們的心裡一定會先武裝起來。「如何使他除去武裝」就是最大的關鍵所在。如果這時你正面跟他衝突，他一定會強辭奪理把你反擊回來。

例如，你對說謊者說：「你有什麼話乾脆直說好了，不用跟我兜圈子。」這樣去攻擊他，是不會產生效果的。我們應該在對方有些動搖的時候，找出他的弱點去攻擊他。不過，如果對方硬要堅持他的謊話，那麼這一招就不管用了。這個時候，我們必須另想辦法使他解除武裝。我們暫且不去理會他說話的內容眞實與否，只要把重點放在如何使他解除心中的武裝就行了。

這個道理就跟閉得緊緊的海蚌一樣，愈急著把它打開，它就閉得愈緊。如果暫時不去理會它，它就會解除心中的武裝，一會兒它就自然地打開了。

那麼究竟要怎樣才能使對方解除心中的武裝呢？

## A使對方有安全感

如果對方是爲了保護自己而說謊的時候，我們最好這樣說：

「你把實話說出來。不要緊，事情不會很嚴重的。」

這樣一來，他就會認爲他的處境已經很安全，不會顧忌說出實話會有什麼不良後果。所以在這種情況下，想要叫他說出實話是毫無困難的。

治安單位在查詢兇殺案的見證人時，利用這種方法是最合適不過了。

要使對方產生安全感，首先必須使他對你產生信賴，他對你產生信賴之後，才會對你吐出眞言。

利用循循善誘的方法去套取對方的口供，要比使用強硬逼供的手法更容易達到目的。當然，如果你只是裝出笑容討好對方，那對方就不會怕你了。我們必須做到讓對方認爲，「我實在不敢對這種人說謊」才行。簡單地說，我們要運用技巧，使對方因爲你的影響而把實話完全吐露出來。

還有一種技巧跟剛才所提的完全相反，那就是故意把自己裝成很容易上當的樣子，使對方對你沒有戒心，而很自然地把心裡的話說出來。

換句話說，就是讓對方產生優越感，使他在得意忘形之際，無意中露出馬腳。這種方法用來對付傲慢的人是最好不過了。

聽說美國的律師，在法院開庭審問的時候，也常會反覆地運用這種方法，但是如果太露骨的話，就會留下漏洞，無法達到目的。

**B 追根究底**

這種方法和前面所說的方法完全相反。徹底去追根究底，有時也能使對方解除心中的武裝。假如對方仍有辯白的餘地，他一定會堅持到底，因此，只有在他被逼得無法再爲自己分辯的時候，他才會自動解除武裝，說出實話。

洛克希德賄賂案中許多有力的證人，在最後終於供出了眞相，主要的原因是由於他們被逮捕之後，辦案人員利用追根究底的方法使他們說出實情來。

我們經常可以在報紙上看到某人因爲精神過分緊張而自殺的消息，對於這種事件，我們沒有辦法給他們下個定論，但我們也不難看出，他們實在是被生活中的某種因素逼迫得無法透氣，才這樣做的。

**C 攻其不備**

不管是多麼高明的說謊者，如果遇到突然而來的攻擊，也會驚慌失措，不得不投降。

一位資深律師曾經說道：

「在詢問一個決定性的問題時，不要馬上詢問證人，等他回到證人席之後，再突然請他回來，重新詢問，這是最有效的方法……」

《孫子兵法》也說過：「攻其不備，出其不意」，「使其不禦，則攻其虛」。因爲我們乘虛而入，對方沒有防備，自然就會放下武器投降了。

## 2 不要與對方做無意義的爭辯

「你明明是在說謊。」

「不！我說的都是實話。」

「你爲什麼要說謊？」

「不！我根本就沒說謊。」

這樣的爭辯實在沒有意義，再怎麼爭論下去也不會有結果的。

表面上看來，這種問話的方式有點像是追根究底，其實是完全變了質。

## 3 使對方反復地做出同樣的事

謊話只能說一次，如果經過兩次、三次的重複，多多少少就會露出馬腳。我們在日常生活中常會發現這種現象，例如，早上同事打電話來說：「對不起！我家有客人，麻煩你幫我請個假，謝謝。」

經過幾天以後，你突然問他：「前幾天你爲什麼要請假呢？」這時他可能說：「因爲孩子得了急病！」這種人一定不是爲了正當的理由而請假。或許他在外面兼副業，或許他在外面做了某些不可告人的事。

有一位非常細心的人，他每次說謊之後，都會把它記在備忘錄裡，以免重複。這個方法眞是無聊透頂，假如他說了一個曲折的謊話，是否也能一一把它記下來？總有一天他會露出馬腳的。

## 4 要有效地利用證據

要使對方說出實話，最高明的手法就是提出有效的證據，尤其是物證，它的效果更大。

拿出有力的證據來做武器，是識破謊言最好的手法。不但可用來對付風流的丈夫，同時也可用來對付政治上的謊言。不管對方如何狡辯，只要我們有確鑿的證據，他就不得不俯首承認。

但更重要的是必須懂得如何運用這些證據，如果運用不當，證據也會失去效用的。

關於這一點，我們首先要注意的就是：時機是否運用得當？如果事情過了很久，我們才拿出證據來印證，那麼證據的價值可能就大大地減低了。

如果我們在提出證據之後，還讓對方有充分的時間去考慮，也是不妥當的。因爲這樣不是又讓他獲得一個答辯的機會嗎？

那麼，證據要同時提出還是逐項提出來呢？這個問題我們不能一概而論，必須看證據的價值，以及當時的狀況來決定。

至於我們握有的證據究竟有多少，絕不能讓對方知道。尤其是當你只有少許證據的時候，更要絕對保密。總之，證據是一種祕密武器，證據愈少愈要珍惜，否則失敗的將是你，而不是對方。

不到決定性的時候，不要讓對方知道，或者顯露自己手中的證據。你必須一面靜聽對方的陳述，一面在暗中對照證據；同時，也要考慮對方手中證據的可靠性，使緊握在手上的證據能運用得恰到好處。

以上所說的方法，到底使用哪一種比較好呢？當然，這要看對方的情況而定。有時不能只用一種方法，必須綜合運用多種方法才能收到效果。

我們並不是像員警一樣，要使犯人坦白，我們只是想瞭解在日常生活中，要如何去透視別人，如何誘使別人說實話。

如果我們像員警一樣，以審問犯人的方式去對待別人，那不是會得罪許多的人嗎？關於這一點，我們應該特別注意才是。

# 8 獲得對方好感的要點

要想與對方順利辦事，必須深入瞭解交際對象，瞭解對方的性格、身份、地位、興趣，然後投其所好，避其所忌，攻其虛，得其實，這樣辦起事來才能進退自如，成功有望。做不到這一點，就容易把本該辦成的事搞砸。

## 1不能忽視對方的身份與地位

無論在哪個國家、什麼時代，人們的地位等級觀念都是很強的。對方的身份、地位不同，你說話的語氣、方式以及辦事的方法也應有異。如果不明白這一點，對什麼人都是一視同仁，則可能會被對方視爲無大無小、無尊無賤。尤其當對方是身份地位比你高的人，會認爲你沒有教養，不懂規矩，因而他不喜歡聽你的話，不願幫你的忙，或者有意爲難你，這樣就可能阻礙自己辦事之路，使所辦之事遇到障礙。

聰明人都是懂得看對方的身份、地位來辦事的，這也是自己辦事能力與個人修養的表現，平常我們所說的「某某人會來事」，相當程度上就呈現在「見什麼人說什麼話」的才智上。這樣的人不只主管的器重他，做同事的也不討厭他，這樣的人辦起事來就比較容易。

## 2看準對方的性格，投其所好

人各有其情，各有其性。有的人喜歡聽奉承話，給他戴上幾頂「高帽」，他就會使出渾身力氣幫你辦事；有的人則不然，你一給他戴「高帽」，反而引起了他的警惕，以爲你是不懷好意；有的人剛愎自用，你用激將法，才能使他把事辦好；有的人脾氣暴躁，討厭喋喋不休的長篇說理，跟他說話辦事就不宜拐彎抹角。

所以，與人辦事，一定要弄清這個人的性格，依據他的性格，投其所好，或投其所惡才會對辦事有好處。

對方的性格，是我們與其辦事的最佳突破口。投其所好，便可與其產生共鳴，拉近距離；投其所惡，便可激怒他，使其所行按我們的意願進行。無論跟什麼樣的人辦事，我們都應首先摸透他的性格，依據其性格「對症下藥」，就很容易「藥到病除」，辦事成功。

外交史上有一則軼事：一位日本議員去見埃及總統納賽爾，由於兩人的性格、經歷、生活情趣、政治抱負相距甚遠，總統對這位日本議員不大感興趣。日本議員爲了不辱使命，做好與埃及當局的關係，會見前進行了多方面的分析，最後決定以套交情的方式打動納賽爾，達到會談的目的。下面是雙方的談話：

議員：閣下，尼羅河與納賽爾，在我們日本是婦孺皆知的。我與其稱閣下爲總統，不如稱您為上校吧，因為我也曾是軍人，也和您一樣，跟英國人打過仗。

納賽爾：唔……

議員：英國人罵您是「尼羅河的希特勒」，他們也罵我是「馬來西亞之虎」，我讀過閣下的《革命哲學》，曾把它與希特勒的《我的奮鬥》做比較，發現希特勒是實力至上的，而閣下則充滿幽默感。

納賽爾（十分興奮）：呵，我所寫的那本書，是革命之後，三個月匆匆寫成的。你說得對，我除了實力之外，還注重人情味。

議員：對呀！我們軍人也需要人情。我在馬來西亞作戰時，一把短刀從不離身，目的不在殺人，而是保衛自己。阿拉伯人現在為獨立而戰，也正是為了防衛，如同我那時的短刀一樣。

納賽爾（大喜）：閣下說得眞好，以後歡迎你每年來一次。

此時，日本議員順勢轉入正題，開始談兩國的關係與貿易，並愉快地合影留念。日本人的「套交情策略」產生了奇效。

在這段會談的一開始，日本人就把總統稱做上校，降低了對方不少級別；挨過英國人的罵，照說也不是什麼光彩事，但對於軍人出身，崇尚武力，並獲得自由獨立戰爭勝利的納賽爾聽來，卻頗有榮耀感：沒有希特勒的實力與手腕，沒有幽默感與人情味，自己又何以能從上校到總統呢？接下來，日本人又以讀過他的《革命哲學》，稱讚他的實力與人情味，並進一步稱讚了阿拉伯戰爭的正義性。這不但準確地刺激了納賽爾的「興奮點」，而且百分之百地迎合了他的口味，使日本人的話收到了預想的奇效。

### 3 觀其行，知其心

通過對方無意中顯示出來的態度、姿態，瞭解他的心理，有時能捕捉到比語言表露得更眞實、更微妙的內心想法。

例如，對方抱著手臂，表示在思考問題；抱著頭，表明一籌莫展；低頭走路、步履沉重，說明他心灰意冷；昂首挺胸，高聲交談，是自信的流露；女性一言不發，揉搓手帕，說明她心中有話，卻不知從何說起；眞正自信而有實力的人，反而會探身謙虛地聽取別人講話；抖動雙腿常常是內心不安、苦思對策的舉動，若是輕微顫動，就可能是心情悠閒的表現。

懂得心理學的人常常通過人體的各種表現，揣摸對方的心理，達到自己辦事的目的。

推銷員在星期天做家庭訪問，必定會注意受訪夫婦蹺腿的順序。如果是妻子先換腿，然後丈夫跟著換，可認爲是妻子比較有權力，只要針對妻子進攻，90％可以成功；若情形相反，當然是丈夫比較有權力，這就需要針對丈夫進攻了。

辦事之前，通過察言觀色把握住對方的心理，理解他的微妙變化，有助於我們把握事態的進展。

# 9 如何識別花言巧語

在現實生活中，有的人爲了達到某種目的，或是想往上爬，或是想獲取某種利益，便採取說好話的方式，以花言巧語巴結、奉承別人，或是做出過份親密的事，讓你上當受騙；也有的人是採取拉關係、套交情，跟你拐彎抹角攀親帶故，這些都是應該警惕的。要想猜透這種人的心理特徵也並不難，因爲這種人最直接的表現就是急功近利，所以其內心活動也就暴露無遺。我們一起來看看下面的故事，也許從中能受到一些啓發。

荀攸是曹操的謀士，他從小就有奇才，十三歲那年，他的祖父去世了。就在一家人極爲悲痛的時候，他祖父昔日的下屬張權跑來弔喪。張權一走到荀攸祖父靈柩前面，就大放悲聲，如喪考妣。他哭著，還一再表示要爲故去的老太守守墓，以報答老太守的深恩大德。張權的虔誠表現令荀家上下十分感動，全家都懷著感激的心情準備答覆他提出的請求。這時，始終不動聲色的荀攸，經過觀察，覺得此人態度反常。他想到祖父生前從來沒有向家人提起過張權這個人，可見他與祖父並無深交，更沒有聽誰說過祖父對此人有什麼値得厚報的深恩。他覺得一個人施之過重，必有他意。此人對死者的悲情是言不由衷，對死者之愛也是言過其實。而且張權請求過切，談吐又閃爍其辭，料他必有所隱；再者張權面帶驚憂，必有所懼。荀攸看出破綻，連忙找叔父說出了自己的疑慮。果然，待叔父喚過張權，經過一番盤查，張權便招認自己犯了殺人之罪，是想藉爲老太守守墓之名，逃脫法律的制裁。

荀攸識破張權的言行，是採取站在一旁靜聽，與其保持距離審視地聽，一邊聽他說話一邊搜索記憶，從記憶裡尋找祖父對這個人的影響，和說話人所表示的態度的差異，經過對照，確定張權言行有詐。

總之，對向你花言巧語的人，應該採取警惕、戒備和愼聽的態度，這樣你才不會受騙上當。再看另一故事：

呂布戰敗，被曹操手下擒獲。

曹操得知生擒呂布大喜過望：曹操愛才，素知呂布驍勇善戰，武藝高強，天下無敵。虎牢關劉、關、張三英戰呂布，也只不過打了個平手。曹操有意想勸呂布歸降自己。呂布這個人，武藝雖然高強，但是缺乏政治立場，先是做了丁建陽的乾兒子，被董卓用高官厚祿收買，殺了丁建陽；後做了董卓的乾兒子，又被王允設美人計離間了他與董卓的關係，他又殺了董卓。他唯利是圖，反覆無常，對他這個人的品性，天下人都有評論。到他被曹兵所擒時，他的貪生怕死的性格又暴露了出來。當他被推到曹操帳下時，他便用可憐的聲音試探曹操，說：「縛得太緊了，實在難受，請稍鬆一點行嗎？」曹操訕訕地說：「縛虎不得不緊。」呂布聽出曹操對自己有憐惜之意，便乘機說：「丞相所顧慮的，不過是我。今我爲你所擒，只要不殺我，我眞心實意輔佐你，天下何慮之有？」呂布一席話說出來，有哀有求，正對了曹操的口味。曹操聽後，就打算留用呂布。

可是曹操佯裝思索。

呂布擔心曹操猶豫，見劉備坐在曹操身邊，便又懇求劉備替他在曹操面前說幾句好話。曹操這時也想聽聽劉備的意見，便兩眼看著劉備。沒料想劉備冷不防地冒出一句：「丞相難道不記得董卓和丁建陽嗎？」就是劉備這句話提醒了曹操，曹操立即命令刀斧手將呂布推出斬首。

曹操熟知呂布爲人，出於對他武藝的偏愛有意要將他收用，又被他花言巧語所迷惑，正要免他死罪收在麾下，卻被劉備一句話提醒，立刻改變主意將其斬首。姑且不論劉備一句話出於何種用心，單就呂布這樣品質的人，曹操一旦留下來，對他自己來說，也可以說是凶多吉少。

總之，對花言巧語要存有戒心，「害人之心不可有，防人之心不可無」。對突然闖進來的「善意」，對超越範圍的「親熱」，對爲了達到某種個人願望的「乞求」，都應該慎聽、嚴察，一旦被花言巧語所困，又不聽人提醒，後果就不堪設想了。

# 10 客套話說得牽強者別有用心

客套語的存在，是社會發展的必然結果。但是客套語要運用恰當，如果過分牽強則說明此人別有用意。

客套語的反面是粗俗語，一些人會對自己心儀之人，必然冒出隨意的言語，以示雙方的關係非同一般，給人以親密感的誤會。

在毫無隔閡的人際關係中，並不需要使用客套話。不過，當在此種親密的人際關係裡，突如其來地夾入了客套話的時候，就必須格外小心。有時候，男女朋友之某一方，使用異乎尋常的客套話時，就很可能是心裡有鬼的徵兆。

用過分謙虛的言詞談話時，可能在表示強烈的嫉妒心、敵意、輕蔑、警戒心等。「語言乃是測量雙方情感交流的心理距離的標準。」客套話使用過多，並不見得完全表示尊敬，往往也可能含有輕蔑與嫉妒因素。同時，在無意中會將他人與自己隔離，具有防範自己不被侵犯的預防功能。

某些都市的人，對外地人說話很客氣，這從另一個角度看，或許是一種強烈的排他性表現。因此，往往無法與人熟悉，盡是給人以冷淡的印象。以此類推，假使交情深厚的朋友，仍不免使用客套話時，則很可能內心存有自卑感，或者隱藏著敵意。

喜歡使用名人的用語和典故的人，一般來說大部分都屬於權威主義者。

假如你開口閉口就愛抬出一大堆晦澀難懂的客套話或外國語，就會讓人有一種走錯廟門的感覺。事實上，他只是一個用語言當做防衛自己弱點的人，他這樣做，無非是加強說話的分量，同時也表示自己的見多識廣，來抬高身份和擴大自己的影響。

# 11 從對待工作的態度和責任心看人

人生大多由兩部分內容組成，一是生活，二是工作。由於工作占據了人們非常多的時間，而且工作的內容也不盡相同，如果對職場的態度與責任心進行分析和研究，不難發現性格在其中產生非常重要的作用。

面對責任的人。這種人包括三種類型：第一種在心理學上稱爲「內疚反應型」，他們一旦發現工作出現問題，不管是否與自己有關，馬上想到自己應該承擔的責任，很容易進退維谷，導致神經系統功能紊亂。第二種是「推卸反應型」，他們遇到麻煩總會極力推卸責任，想辦法找出種種理由把責任轉嫁給他人，常常令同事頭痛不已。第三種叫「適中反應型」，此類型人居於前兩者之間，遇到該分擔責任的時候，努力尋找事故原因，以客觀事實爲依據，屬於自己的責任勇敢地承擔下來，有時也會爲了整體利益，而承擔一些不屬於自己的責任。

不忙假裝忙的人。掩飾工作能力低下，大都對自己的能力產生懷疑，力圖通過在別人面前裝出一副努力工作的樣子使同事，特別是主管不會輕視自己。而事實上他們的工作業績也非常差，爲了掩飾自己，保護自己的弱點不會被同事或上司發現，他們別無選擇。

厚己非人的人，懶惰是他們最大的性格特徵。他們認眞工作，忙忙碌碌，但卻都是表面現象，在困難面前逃得比誰都快；總是用異樣的眼光看待其他的同事，覺得他們不務正業，欺騙上司，誰都沒有他們那樣熱愛自己的本職。其實他們最希望得到的是加薪和升遷，但懶惰的他們不會比其他的人多做一點，假使多做一分鐘，也要到處宣揚。

看上司臉色行事的人。這種表裡不一、情緒不穩定的人，只有上司在場的時候，才會聚精會神地工作，而上司一旦消失，他們的幹勁便會回落到低谷。他們在生活中也是這種「當面一套、背後一套」的把戲，用一張僞善的面孔面對周圍的人和事。有一些內向的人，見到主管就會緊張，結果由於分心而使工作效率大大降低，其實這是他們的自卑感所致。

所以若想認識和瞭解一個人的性格，還可以從他對工作的態度上進行觀察。

一般來說，外向型的人多勇於承擔責任，在工作中，沒有機會的時候，會積極地尋找機會、創造機會，有機會的時候會牢牢地把握住機會，他們多半很容易獲得成功。

內向型的人在面對一件工作的時候，首先想到的是自己該負擔的責任、後果等問題，總是擔心失敗了會怎樣，所以時常會表現出猶豫不決的神態。因爲顧慮的東西實在太多，行動起來就會瞻前顧後，畏首畏尾，最後往往會以失敗而告終。

工作失敗了，不斷地找一些客觀的理由和藉口，爲自己開脫，以設法推卸和逃避責任，這種人多半是自私而又愛慕虛榮的，他們常常以自我爲中心。

工作上一出現問題，就責怪自己，把責任全部攬到自己身上，這樣的人多半膽小。失敗以後能夠實事求是地坦然面對，並且能夠仔細、認眞地分析失敗的原因，進行歸納和總結，爭取在以後的工作中不犯類似的錯誤，這樣的人大多是眞正成熟的人。他們爲人處世比較沉著和穩定，具有一定的進取心，經過自己的努力，多半會取得成功。

工作比較順利，就非常高興，但稍有挫折，便灰心喪氣，甚至是一蹶不振，這種人多是性格脆弱、意志不堅強的類型。

# 12 從尷尬中看對方為人

生活中，我們每個人都會遇到令自己特別難堪的場面，這是毋庸置疑的，但是自己爲什麼會感覺難堪呢？這除了一些特殊的外界因素外，自身是不是也有一定的原因？所以我們可以從對方尷尬中看透一個人。

總是覺得自己笨手笨腳，什麼事情也做不好，結果使自己變得非常難堪的人，多是完美主義者，他們凡事總要求自己做到最好，以向別人證明自己的實力和能力。實際上，他們本身也是具有一定實力和能力的，可是由於對自己的要求太高，產生了嚴重的心理壓力，在無形之中會降低自我水準的正常發揮，使原本輕而易舉就能做好的事情，也辦得很糟糕，結果令人大失所望。

對自己不自信，什麼事情都覺得自己沒有能力辦到，而採取拒絕和逃避的方式，這樣也會使自己陷入到相當難堪的境地的人，缺乏冒險意識，凡事都要等到自認爲有十足的把握以後才去做，可這幾乎是不可能的，任何事情只要去做，或多或少地就都會存在一定的風險。而且在他們看來，這樣的機會遲遲不來，所以也就一再地等待。

對技術性的東西缺乏足夠的瞭解，無法應付出現的與之相關的各種問題，同樣會令人感到難堪的人，對任何需要專心的事情都缺乏興趣，他們總是憑直覺做事，控制自己的完全是一時的情緒，而不是對事實客觀實際的分析和思考。在遇到需要某些指示的時候，他們的情緒就會出現一種逆反心理，有一個聲音告訴他們放棄，於是就選擇放棄。他們喜歡做那種在很短的時間內就能得到滿足感和成就感的事情。

因健忘會使自己陷入到難堪境地當中的人，做事輕率，不用心，馬馬虎虎地應付過去就可以了。他們對人有很強的依賴性，總是希望得到他照顧的人，而正是有許多這樣的人存在，這又在一定程度上，加重了他們的依賴心理。

# 13 從面部表情識別同事心理

人常常表裡不一。那些表裡不一，而且擅長僞裝的人，用他的外表善良來掩蓋內心的邪惡，用外表的賢來掩蓋內奸，那簡直太難分辨了，因此他們經常欺騙別人。當你和同事相處的時候，不要只看他的表面，應該透過其表像來摸清對方的內心，尤其是他的變化多端的臉部表情，裡面可藏著不少的祕密呢。

一個英國的研究組織，曾經分析和編輯了近百種臉部、頭部以及身體的不同姿勢與表情，總結出三種最普遍的笑：微笑、輕笑與大笑。

微笑是指不露出牙齒的笑容，這是一種會心的笑法，有默契的暗示以及事不關己的態度。

輕笑的時候露出了上牙，嘴唇稍微裂開，被稱做「招呼新朋友」的笑容。

大笑通常是當事人非常開心的時候所展示的，上下門牙全都露出來，並且發出了爽朗的笑聲，當事人發出這種笑聲的時候，心情非常激動。

另外，還有幾種笑容。例如，一位涉世很淺的女職員，笑的時候經常含羞，抿著小嘴，非常不好意思。

然而，一位老謀深算的高層人士，皮笑肉不笑的時候，那種笑並不是來自於其內心。

東方人和西方人的笑是不同的。盡管眼淚是沒有國界的，但是笑的國界卻是非常嚴格的。

隨著東西方文化愈來愈多的交流，許多西方人漸漸理解了東方人的微笑，他們認爲自己對東方人曖昧的微笑，簡直太神經質了，他們懂得東方人事實上是在表達友善，而並不是諷刺。

有的同事對上司不滿，然而卻敢怒不敢言，只好做出一副瀟灑的樣子，其實他內心的怒氣很大，只不過是拼命地壓抑下來。進一步觀察同事的面部表情，就會看到那張冷冰冰的臉上任何喜怒哀樂都掩蓋住了。假如同事有一種緊迫感增加的話，眼睛立刻會瞪得非常大，鼻孔也會顯出皺紋來，或者在臉上有抽搐的現象。

在你與同事相處，發現同事的面部抽搐，那就表示他正陷入強烈的不滿與衝動中。碰到這種情景的時候，不要直接與他對質或詢問，要去安撫他，先穩住他的情緒。

同樣都是毫無表情，不過也有兩種不同的情形：一種是非常不關心，另一種是瞧不上眼。例如，同事們在一起開會的時候，有的人靜靜地看著一個地方，好像不知所措。

其實，這種神情並非是冷漠，或許表示某種愛意。特別對於女同事來講，她們不想公開表示自己的好感，常常露出截然相反的表情來。有些同事想掩蓋矛盾的心情，於是露出了冷漠的表情。

有一種方法能夠幫助你從表情中去體察同事的深層心理，那就是把電視機的聲音關上，接著聚精會神地去觀察畫面，那樣一來就能從演員的表情上，摸透人物的心理活動。

有時，人在憤怒或者憎恨的時候同樣會微笑。那是由於人們不想把內心的欲望或者想法暴露出來，就採取這種微笑。

你在與同事相處的時候，如果輕易地流露出憤怒、憎恨、悲哀以及恐怖等神情，很容易招來很多麻煩，影響工作。所以許多人都想辦法去壓抑這種負面的感情，表現出來喜悅和愉快的神情。

事實上，臉部的肌肉要比身體上其他部位的肌肉發達許多，因此能隨著不同的情感而使得面部表情發生變化。尤其是眼睛和嘴周圍的肌肉更爲發達，當科學家研究大腦皮質的運動時，發現臉部活動和手指的活動非常敏捷。

當你與同事發生衝突的時候，自然產生和平常不相同的表情：眉毛下垂，眉頭皺起，牙齒盡管沒有露出來，嘴唇緊繃起來，稍稍向前突起，與同事怒目相視。在這種惡劣的情況下，你們都彼此盯著對方，假如你避開目光，就表示你失敗或害怕對方。

當表達震驚的情感時，當事者的嘴會不自覺地張開，下顎的肌肉往往很放鬆，並且向下垂；假如一個人對某件事情產生了濃厚的興趣，往往會張開嘴巴，眼角下的面部肌肉會鬆弛。

一個人內心的不愉快或迷惑，能夠藉助皺眉來表露出來：嫉妒或者不信任的時候往往會揚起眉毛；想採用敵對行爲的時候，往往會繃緊下顎上的肌肉，嘴唇也閉上，同樣瞪視對方。

有一位推銷圖書的業務員談過這樣一個經驗：當他拿著一本圖書的樣本遞給一位客戶的時候，趁機注視著那位客戶的面部表情，這時與其坐在客戶的面前，眞不如坐在客戶的身邊。坐在客戶的身邊容易看清客戶臉上的肌肉變化，當客人翻閱樣本的時候，通常在他的臉上就有了買和不買的決斷了。客戶的表情或許不怎麼明確，但是琢磨透了以後，卻非常有趣，因此有經驗的推銷員往往一眼就能看清對方的心理。感情能夠讓表情漸漸明朗，同理，表情也能反映內心的感情。

在各種文學作品裡，都有這種描寫，一旦感情和表情不統一，那一個人就失去了內心的平衡。

在美國，有一所戲劇學校專門設了一個學科，那就是訓練人們的表情不同於感情。就是說，內心覺得憤怒或者痛苦的時候，表面上非常輕鬆。但是經過了這樣訓練的人患神經病的機率大增。

可見，想做一種和感情不一致的表情對於許多人來講是非常困難的。戲劇學校的學生在經過了嚴格的訓練以後，外表能夠表現得平靜一些，時間一長就能依據劇情的發展來變換自己的表情，從而引起觀眾的共鳴。

# 14 從行為舉止識別同事心理

現代心理學家的研究表明，一個人的姿態能夠反映一個人對別人所抱持的態度。實驗表明，假如與一個你所厭惡的人在一起相處，你或許是太隨便，「如入無人之境」；或許是太拘謹，看起來手足無措。

姿態有的時候是群體裡的普通傾向的指標。想一想當與會者爲了一個問題而爭得臉紅脖子粗的時候，誰都可以通過自己的舉止，表示自己到底是站在哪一方的。

人們在職場活動中，因爲文化背景不一樣，結果言談舉止往往也是不一樣的。比如，法國人的言談舉止通常是「法國式」的，英國人的盤腿方式與美國人大不一樣。

在西方社會，雙方可以在公共場合裡互相擁抱，是很常見的。可是在中國，素不相識的男女，在公共場合下互相擁抱卻非常少見。這屬於文化背景的差異。

不過根據許多學者的研究結果表明，職場中在和同事交往的行爲中，還是有相同點的。通常能夠歸爲三種類型。

這三種類型分別爲：柏拉圖型、豬八戒型和關雲長型。

## 1柏拉圖型的同事，內秀

柏拉圖是古希臘的一位著名哲學家。柏拉圖認爲精神境界是完美無瑕、至高無上的。像柏拉圖型的人，通常被人們稱做內秀型。這種人非常敏感、聰明、靦腆，往往給人一種清高的感覺，有的時候看起來十分傲慢。

柏拉圖型的人頗具詩人氣質，在和異性相處的時候，總是把異性理想化，熱衷於和對方進行精神交流，覺得自己和對方的關係，就像聖潔的彼岸那樣純潔、甜美。柏拉圖型的人擅長用文字來表達情感，他們的感情非常細膩，就像抒情的小夜曲一樣。可是，柏拉圖型的人的精神境界，常常不能得到同事的眞正理解。

看來，柏拉圖型的同事常常會有孤獨感，經常會自暴自棄、缺乏信心，覺得自己在生活裡很軟弱。結果，他們常常陶醉於詩一樣的幻景之中。

## 2豬八戒型的同事，快人快語

豬八戒是中國古典文學名著《西遊記》裡的主要人物之一。豬八戒與孫悟空、唐僧一樣被人們所熟悉。豬八戒其實是天廷裡的一個大元帥，後來由於調戲仙女被玉皇大帝貶下人間。

豬八戒給人們的印象並不是非常惡劣的，他性格直率、貪吃喜色，不過心地還是比較善良的。

豬八戒型的人，常常像豬八戒那樣性情十分急躁，對異性的態度非常明朗，一旦遇到了意中人，就立刻發起進攻，抒發自己的情感，一點都不想耽誤。豬八戒型的人的性格就是快人快語，從來都不悶在心裡。

看來，這種豬八戒型的同事的激情往往來得快，去得也很快，熱得快，涼得也很快。朝秦暮楚對於他們來講在所難免。有的時候，給同事們的感覺就是，他們不太專一，對人缺乏長時間的尊重，可靠性以及溫暖度的時間很短暫。

不過，豬八戒型的同事精力旺盛，擅長交際，辦事很快，屬於點火就著的人。

### 3 關雲長型的同事，忠貞不二

關雲長也就是《三國演義》裡的關羽。關雲長和劉備、張飛三人自從桃園結義以後，就始終忠貞不二。

當他和劉備分散以後，寄住在曹操處，曹操對關雲長的才幹和爲人深深佩服，所以對他的照顧簡直就是無微不至，而且還厚賞關雲長，關雲長那匹聞名天下的赤兔馬就是曹操贈送的。

可是，關雲長是一個威武不能屈、富貴不能淫的英雄豪傑，不管曹操對自己多麼地深情厚意，也沒有爲宮廷的顯貴所動，一心只想著去幫助自己的患難之交劉備。

關雲長甚至一聽見大哥劉備的消息以後，就什麼都不顧，冒著過五關闖六將的巨大風險，投奔貧賤時的至交劉備。像這樣的人怎能不被人們所敬仰、崇拜呢？到了現在中國各地還保留著許多關帝廟。

而對於曹操的知遇之恩和深情厚意，關雲長也沒有恩將仇報，在赤壁之戰的時候，曹操處於生死危難的緊急關頭，關雲長沒有忘了舊恩，頂著殺頭的大罪，放曹操一條生路。

可見，像關雲長那樣的人，並非一直都非常聰明，腦子也有不靈活的時候。然而，關雲長型的人重情感，只要認定了，一生都不會反悔，感情非常專一，可謂忠貞不二。

關雲長型的人不管對同性同事、對異性同事從來都不會輕浮，很少拿勢利眼來看待同事。盡管，關雲長型的人有時也會注重外在形式，那是因爲他們覺得爲人應該舉止持重、端莊大方。

關雲長型的人，不大擅長主動進攻，常常含而不露，總給人以熱而不燙、冷而不涼的感覺。

事實上，他們在一言一行裡，都是很有分寸的，從不肯擅自越過雷池一步。關雲長型的人敬仰長輩，遵守自己的諾言，遵守他們覺得應該遵守的秩序。關雲長型的人對外界的刺激不太敏感，因此可以處之泰然。

但是，關雲長型的人不大善於明辨是非，因此在遇到大事的時候，陣腳同樣會紊亂。

像這種類型的人，能夠衝鋒陷陣，有封疆大吏的雄風，可是做不好一鄉之長、一國之君。在和異性的關係上，他們絕不會始亂終棄。

而對於女性同事而言，這種類型的人常常被看成是有著高貴氣質的女性，她們往往不會輕易向你掏出一顆芳心。

你在職場上和同事相處的時候，如能把以上所講的加以運用，相信會輕鬆許多。

# 15 如何才能做上司的「心腹」

你要成爲上司的心腹，就要摸清他的喜好，瞭解他的個性，搶在他提問之前就已經把答案奉上。這種做上司「蛔蟲」的下屬，就不用愁加薪與晉升了。

作爲上司不但喜歡下屬對他尊重，也喜歡下屬讓他享受到各種各樣的歡呼與喝彩，如此種種，都是需要下屬明白的問題，而後你才能夠成爲上司的心腹。

## 1不要以教訓的口氣和上司說話

很多人習慣說話時帶著教訓的口吻，尤其是當自己的道理充滿良性的結論之時，更情不自禁地要指點對方迷津。這種情況若是發生在下屬對待上司身上，就不會有結果。不錯，上司有時的想法與做法未必比下屬好，但以教訓的語調跟上司說話，絕大多數情況下不會被他接納，會變得徒勞無功。

如果希望上司照著自己的意見行事，千萬別「教」上司如何做事，必須要給他預留一個思考上的空間。換言之，只可以在言語上開導他照自己的想法去考慮問題，引領他接納或想到自己心目中的做法。

這個思考空間代表兩重意義，其一是讓上司自行考慮問題，讓他做出決定，保持他在決策上的自尊。其二是對他的經驗和智慧致敬，身爲上司應當有足夠資格教人，而不必受人教的。如果下屬把整件事該如何做都詳細地列出來，還逼著他依樣畫葫蘆，不論計畫怎麼好，上司都有可能接受不了。最得上司信任的下屬，應貢獻良策，刺激上司思路，再後由上司的口把整體計畫批准下來，而不是通知上司計畫該如何進行。

## 2 讓上司享受喝彩

做上司的不但喜歡下屬對他尊重，也喜歡下屬讓他享受到各種各樣的歡呼與喝彩，是來自其他方面的人。任何一個上司，都有一份威風八面的潛意識，因爲能夠晉升上來，並不容易，其間的奮鬥有多艱辛多勞累，自不待言。他的成就要獲得旁人的證實，這是他認爲理所當然的。故此，做上司的不但喜歡下屬對他尊重，以各種表現去重複證實他的成就。

這種安排和做法不必設計得很粗俗，只要下屬明白上司的心態，就已經隨時隨地有機會表現。舉一個顯淺的例子：如果上司請客，喜愛高朋滿座，如果安排嘉賓位置時計算不準，空位太多，就會顯得冷冷清清，給上司一個錯覺，他是不怎麼夠面子的。最理想的是，安排實際到會人數比預計的還多百分之十至二十左右，屆時眞是賓客滿堂，座無虛席，上司一定開心。這不但保障了場面的熱鬧，而且萬一出現「人滿之患」，上司一般的反應只會高興。

換言之，不必刻意地奉承上司的虛榮感，但不能不知道這是人之常情，在所有業務設計之中，在必要時為上司的這些不能自控的榮譽感受預留一些發展空間，是體面又受歡迎的行為。

讓上司發揮權威，下屬必須明白並滿足上司喜歡教訓下屬、過當「教授」的癮頭。告訴你，十個上司，就有九個甚至十個是有當教授的癮頭。換言之，第一喜歡教訓下屬，第二喜歡改下屬呈交的計畫與文件。

你若向大機構的人進行一個採訪，問哪一個部門最不受干擾，絕大多數的答案，都是電腦部門。因為電腦部門是專業，是一門獨立而又獨特的學識，不是每一個行業的專家都有電腦的知識。做為上司就算精通本行也無法自稱是電腦專家。為此，上司就不能自恃是本行至尊，而對電腦部門的同事有諸多教訓和教導。

除了電腦部門這些專業人才之外，不少上司都幾乎會認定自己是萬事通，才坐得上上司寶座的。於是各個部門的下屬，必須有充分的心理準備，一定會被上司做潛意識的挑戰，此乃基於上司在事業成功之後的自信心理使然。

老師改學生考卷與導演把影片進行剪接，去雜存菁，是權威的表現。同樣，上司也喜歡隨時隨地發揮權威以平衡他所要承擔的風險，明白這個情況，就會受上司教訓而甘之如飴，不會有什麼衝突了。

## 3理解上司

上司不可能在職員面前經常和顏悅色，與他相處的人千萬別胡亂敏感才好。職員老是覺得上司的面色很難看，對於這種心理障礙，必須克服。上司不可能在職員面前經常和顏悅色的。

其一是上司在同事跟前不需要堆起笑容來應酬，從好的一方面看是上司下屬有如一家人，不必客氣。從較壞的角度看，上司下意識地覺得，不必要再爲下屬心情上的舒服而增加自己的負荷，須知道每一分鐘都要記住，對人微笑也是很累的。

其二是上司的煩憂一定比職員多，因爲打工仔可以東家不打，打西家。上司打開了店鋪門面必須把生意做下去，而且要做得好，否則長期虧蝕，再財雄勢大也吃不消。故此，要擔風險的人自然比較緊張，除非必要，否則一定不會終日笑口常開。

其三是做上司的幾乎是每一分每一秒都在思考工作，不停地用腦筋去想人情世故，用眼睛去看、用耳朵去聽那些與業務有關的人與事，集中精神和注意力在生意上，很多次就會忽略，有的時候視而不見、聽而不聞，也不稀奇，跟他相處別胡亂敏感才好。

## 4為上司擋住風險

上司享有只做「好人」，不做「醜人」的專利。我們看古裝電影或電視劇，同時看到有所謂護駕大將軍，必是皇帝身邊的寵臣，護駕有功，非同小可。在現時代的商界社會，上司是公司的皇帝，一樣需要有人護駕。上司所要的護駕，當然與古代皇帝的需求不同，前者並無生命之險，只是在很多場合內，要隨時在側，曉得打前鋒，爲上司擋住面子上與業務上的風險。

在此舉一實例。有位企業鉅子，是出了名的好好先生，那就是說，任何人跟他談任何事，從來都不會得到一個否定的答案。然而，這並不表示他是黃大仙，有求必應。遇上他眞想合作的對象，或他肯出手相幫的情況，就會由他親自商議，賣個人情。不然的話，一律由他的下屬以各種不同的理由回絕對方的要求。

事實上，類似上述的情況，也不單是該名企業家的獨有作風，相信很多大上司都會有此保護自己的防線。也就是說，上司享有不做「醜人」，只做「好人」的專利，這是很普遍的現象。爲此，要成爲上司的心腹，有必要做好心理準備，發揮護駕功能。

## 5有技巧地糾正上司的錯誤

絕不能不講技巧地把上司的錯誤糾正過來，令場面尷尬。最惹上司不高興的下屬，莫如是當上司提出意見時，立即反駁的下屬。這並不是說上司就完全不講道理，不接受意見，不要民主平等。上司所擁有的不只是資產，而且更有他在商場上的閱歷，而絕大多數上司都是行業內的前輩，對自己的下屬而言，更是當前輩而無愧。單是爲了這一點，都有特權接受後生一輩的尊重。

這些尊重從主觀角度看，是對上司的地位充分予以致敬；從客觀角度看，以他的經驗和知識爲基礎，上司犯錯的比例一般比下屬低。故而即使一件公事的處理，碰巧是上司的錯，他也應該擁有一定程度的被尊重，不可以由我們當下屬的人，搖晃著誰錯誰就應該受到譴責的旗幟，而不爲上司留些情面。經常提醒那些當上司的人，千萬要按捺得住自己的脾氣，別在人前訓斥下屬之同時，也要提醒一些年輕人，眞要關起門來才好把上司的可能錯誤提出來研究。見過不少年輕行政人員在上司跟業務對手商談業務時，就很不講究技巧地把上司的錯誤糾正過來，令場面尷尬。如何既防止上司在別人跟前出紕漏，而又保持他的面子，是一門行政學問。

## 6 搶先奉上答案

在上司提出問題之前，已經把答案奉上的行動，是最深得上司之心的。因爲只有這樣的職員才眞正能減輕上司的精神負擔，工作交到他手上之後，就不必再占用腦袋空間，可以騰出來牽掛別的事情了。事實上，能夠做到這一點的人並不多，也許可以說，能長期有本事跟上司在工作速率上競賽，而有本事把對方擊敗的，也差不多可以夠得上資格當上司了。為此，要成為上司的心腹，即使不能每一次都比上司反應得快，但最低限度，要有一半以上的次數不要讓他比了下去。上司在知道你不是他對手時，就很自然地會對你信任起來。此所謂「識英雄者重英雄」，再棒的上司都需要有人才在身邊的。

## 7 瞭解上司的個性

要成為上司的心腹，有一個不二法門，就是俗語所謂的「跟官司，要知道官司貴姓」。這就是說，當打工仔想跟定哪一個上司之後，必須要立即對上司的個性進行全面瞭解。明白上司的愛好之後，就要看看自己的個性有哪一方面跟上司最配合，便應向哪一方面發展，使賓主之間的感情和關係得以更進一步的融洽。配合上司的愛好，有個重要的原則非要謹記不可，那就是不能在完全委屈自己的個性之下進行。換言之，如果上司喜歡打高爾夫球，而你極不喜歡這遊戲的話，千萬別強自己之所難，因為勉強之下的表現一定不見誠意和自然，反而會造成一些尷尬場面。從嚴肅的角度看，上司的經商原則如果與自己做人做事的宗旨相違反，我奉勸一句，早早另謀高就為上。因為不能與上司的思想和原則配合，是絕不會成為他的心腹的，等於在機構內的發展有限，勉強下去，只會自覺委屈，不可能好好發揮自己的才幹。

要想讓上司改變個性作風來配合自己，則是本末倒置的要求，一定不會成功。

# 16 古代兵法中的選人術

《六韜》是中國最古老的兵法，裡面詳述了種種看穿對方心思的方法，其中對選人比較實用的有如下幾種，對各位主管必大有幫助。

## 1 問之以言，以觀其詳

向對方多方質問，從中觀察對方知道多少。公司招考新人的時候、必須對應徵者來個「人物鑑定」，考官就得向應徵者多方查問，這就是「問之以言，以觀其詳」的方法之一。

鑑定一個人物，不能只流於形式，需要發出足以判定對方眞心的問題。

「你的嗜好是？」「家裡有哪些人？」這一類的問題，就是形式上的問題，對探查一個人的內心，毫無作用。

「你對這個問題有什麼看法？」「……這一類的難關，換成您，如何去打開僵局？」這一類的問題，就直搗核心，足以使對方的才能、思考力，露出蛛絲馬跡，成爲判斷上的珍貴資料。

又如，身爲上司，在遇到重大的問題時，不妨向部屬或同事問一句：「換了你，如何解決？」

這時候，平時看似應變有方的人，卻爲之語塞，或是答非所問；而看似不夠機靈的人，卻能提出迎刃而解的妙方——這種事實，會令你痛感一個人平時的外表和言行不足信賴。

**2窮之以辭，以觀其變**

不斷追問，而且越問越深、越廣，藉此觀察對方的反應如何。沒有自信的人，面對一連串的「逼問」，就驚慌失措、虛言以對，就眼珠骨碌碌轉等，發問的人，就可從這些表情的變化，判斷對方是個怎樣的人物。對一件事一知半解的人，在「窮之以辭」的情況下，都會露出馬腳。

**3明白顯問，以觀其德**

把祕密坦率說出，藉此觀察一個人的品德。

如果，聽到祕密就立刻轉告第三者，這種無法守祕的人，就不能深交，就不能合作，還是避開爲妙。

對方是不是口風甚緊或者是否容易失言，只要洩漏祕密給他，就知道他是個怎樣的人。運用這個方法，往往會發覺平時自詡爲「最能守祕」的人，反而是最會洩祕的人。從這些反應，我們就能探知對方是不是值得信賴的。

**4使之以財，以觀其廉**

讓他處理財務，藉此探測清廉與否。

把一個人派出到容易拿回扣的單位去服務，就容易看出他是不是爲人廉潔。服務於容易拿回扣的單位，一些有私心的人即使開始堅決不拿回扣，時日一久，也會隨波逐流，見錢眼開。要想試探一個人的清廉與否，只要派他到那樣的單位，就會眞性畢露。

**5告之以難，以觀其勇**

派給他困難的工作，藉此觀察他的膽識、勇氣。平時口口聲聲「遇事果斷」的人，一旦危機臨身，往往不知所措，還會滿腹牢騷。

個性越是柔順的人，遇到困難越是倉皇失色；因此，若要試探一個人的膽識、勇氣，就得把困難的工作，接二連三地交給他去處理，從中觀察他的反應。

**6醉之以酒，以觀其態**

請他喝酒，藉此觀察他的態度。平時守口如瓶的人，黃湯下肚就完全變了樣，不但滿口牢騷，還會猛說別人的壞話，這樣的人就可判定他是一個經常懷有不滿，甚至嫉妒心強烈，有害人之心的人。

以意志堅強、靈敏果斷聞名的亞歷山大大帝，喝酒之後也會大醉失態，惹了不少麻煩。

他在痛下決心之後，只要沾了酒就獨處於營帳中，拒絕見人。一代英雄尚且如此，更何況凡人？

「醉之以酒，以觀其態」，是很管用的「人物鑑定法」。

# 17 如何快速識別下屬真面目

管理者不能被下屬的外表看花了眼，而應由表及裡，抓住他的實質，看清下屬的廬山「眞面目」。

一個應試者衣冠楚楚自然會令管理者賞心悅目，但要記住：華麗的外表未必能說明應試者本事的大小。公司需要的是人才，而不是時裝模特兒或電影明星。一個穿著隨便的人，也許會成爲公司業務發展的棟樑之材。

一般管理者還容易犯的另一種觀貌識人的錯誤，是過於注重文憑。當應試者亮出名牌大學的文憑時，有的人會因此被震懾住，而對於那些畢業於名不見經傳的學校的人，往往根本不加考慮。在這個問題上，管理者需要記住：做爲雇主，你將要看重的是他本人的才能，而不只是他所畢業學校的名氣。如果一個主管很容易被應試者的文憑所迷惑的話，他往往會失去人才，而得到一群庸人。

在識人的實際過程中，有些管理者往往被下屬的外表和漂亮的言辭所欺騙，委以重任，結果是「一塊爛肉惹得滿鍋腥」。因此，不以外表取人，而以才用人，是每個管理者必須掌握的識人原則，否則你自己也是庸人一個。

怎樣才能避免以外表識才的錯誤呢？做爲一個新管理人，要想較多、較好、較快地識別和發現潛人才，必須注意以下幾點：

**1聽其言，識其心志**

潛在的人才大多尚未得志，他們在公開場合說官話、假話的機會極少，他們的話，絕大多數是在自由場合下，直抒胸臆的肺腑之言，是不帶「顏色」的本質之言，因而就更能眞實地反映和表達他們眞實的思想感情。

**2觀其行，看其追求**

一個人的行爲，體現著一個人的追求。任何一個人，一旦進入了自己希望進入的角色，就會爲了保住這個角色而多少帶點「裝扮相」，只有那些處在一般人中的人才，他們既無失去角色的擔心，又不刻意尋覓表現自己的機會，所以，他們的一切言行都比較質樸自然。新管理人若能在一個人才毫無裝扮的情況下，透視出他的「眞跡」，而且這種「眞跡」又包含和表現出某種可貴之處，那麼大膽啓用這種人才，十有八九是可靠的。

**3析其能，辨其才華**

潛在的人才雖處於成長發展階段，有的甚至處在成才的初始時期，但既是人才，就必然具有人才的先天素質。或有初生犢不怕虎的膽略，或有出汙泥而不染的可貴品格，總之，既是人才，就必然有不同常人之處，否則就稱不上人才。一位善識人才的「伯樂」，正是要在「千里馬」無處施展腿腳之時，識別出牠與一般馬匹的不同，若是「千里馬」早已在馳騁騰越之中顯出英姿，又何須「伯樂」識別。

## 4 聞其譽，察其品行

善識人才者，應時刻保持頭腦清醒，有自己的獨立見解，不受「語浪言潮」所左右。對於已成名的顯人才，不跟在吹捧讚揚聲的後面唱讚歌，反而應多聽一聽負面意見；對於未成名的潛在的人才所受到的讚譽，則應留心在意。這是因為，人們大多有「馬太效應」心理，人云亦云者居多，大家說好，說好的人越發多起來，大家說孬，說孬的人也會隨波逐流。當人才處在潛伏階段，「馬太效應」對他毫不相干。再者，人們對他吹捧沒有好處可得。所以，人們對潛在的人才的稱讚是發自內心的，所以用人者如果聽到大家對一位普通人進行讚揚時，一定要引起注意。

# 18 如何看清小人真面目

小人人「小」能量大，千萬不能小瞧。眼小人辦事若處理不好，常常要吃虧。

「小人」沒有特別的樣子，臉上也沒寫上「小人」兩字，有些小人甚至還長得既帥又漂亮，有口才也有眞才，一副「大將之才」的樣子。

不過，小人還是可以從其行爲中分辨出來的。

從總體上來說，小人就是那些做事做人不守正道，以邪惡的手段來達到目的的人。所以他們的言行有以下的特點：

**1 造謠生事**

他們的造謠生事都另有目的，並不是以此爲樂。

**2 挑撥離間**

爲達到某種目的，他們可以用離間去挑撥同事間的感情，製造他們之間的不和，好從中取利。

**3阿諛奉承**

這種人雖不一定是小人，但這種人很容易因得上司所寵，而在上司面前說別人的壞話則很有殺傷力。

**4陽奉陰違**

這種行爲代表他們這種人的辦事風格，因此他對你也可能表裡不一。

**5趨炎附勢**

誰得勢就依附誰，誰失勢就拋棄誰。

**6踩著別人的鮮血前進**

利用你爲其開路，而犧牲你，他們是不在乎的。

**7落井下石**

你如果不小心掉進井裡，他會往井裡扔幾塊石頭。

**8推卸責任**

明明自己有錯卻死不承認，硬要找個人來背罪。

事實上，小人的特點並不只這些，總而言之，凡是不講法、不講情、不講義、不講道德的人都帶有小人的性格。

和「小人」辦事講究以下幾個原則：

**1不得罪**

一般來說，小人比「君子」敏感，心理也較爲自卑，因此你不要在言語上刺激他們，也不要在利益上得罪他們，尤其不要爲了「正義」而去揭發他們，那只會害了你自己！自古以來，君子常常鬥不過小人，因此小人爲惡，讓有力量的人去處理吧！

**2保持距離**

別和小人們過度親近，保持淡淡的同事關係就可以了，但也不要太疏遠，好像不把他們放在眼裡似的，否則他們會這樣想：「你有什麼了不起？」於是你就要倒楣了。

**3小心說話**

說些「今天天氣很好」的話就可以了，如果談了別人的隱私，談了他人的不是，或是發了某些牢騷不平，這些話絕對會變成他們興風作浪和必要時整你的資料。

**4不要有利益瓜葛**

小人常成群結黨，霸占利益，形成勢力，你千萬不要靠他們來獲得利益，因爲你一旦得到利益，他們必會要求相當的回報，甚至黏著你就不放，想脫身都不可能。

## 5 吃些小虧

小人有時也會因無心之過而傷害了你，如果是小虧就算了，因爲你找他們不但討不到公道，反而會結下更大的仇。

並不是說做到了以上五點，你與同事中的小人們就彼此相安無事，至少你可以把小人對自己的傷害降至最低。

# 19 如何應對上司中的小人

## 1怎樣與聽信讒言的主管相處

爲了不至於和主管發生衝突，並且使他明白你是受到了讒言的陷害，你可以這樣去做：

A運用技巧破除讒言的假面目，爲自己洗刷清白。有人向主管進讒誣陷你，偏偏主管又聽信讒言，這種情況對你極爲不利。不過，你不要害怕，應拿出勇氣來，以積極的態度與其鬥爭，採取技巧揭穿事情眞相，還自己一個清白。

B面對上級對自己莫名其妙的突然的冷淡疏遠，或在會議上不點名、暗示性地批評你，甚至故意製造工作中的難題爲難你、制裁你，應當有勇氣主動找領導談心，問清緣由，說明眞實情況。凡事如果拿到桌面上，公開地、坦率地說清楚，往往會收到較好的效果。回避的態度、忍氣吞聲的做法，只會使眞相籠罩在一層迷霧中，加深上司對你的誤解，增加雙方的隔閡。所以應當敢於正視面臨的困境，努力想辦法擺脫被動局面。

C變被動爲主動。如果確切無疑地知道了誰在背後進讒陷害你，你可以在主管沒找你之前先找到他，把一切實情坦然相告。這樣就可以變被動爲主動。另外，爲了制止進讒者繼續造謠生事，應當再凜然正色地找到這位當事人，以暗示的口氣給其以必要的警告。但不要完全說明，因爲他是不會承認的。這類人往往心虛，你一找他，他就明白了。他們都慣於背後搗鬼，所以也不願公開撕破臉皮，不願發生使雙方都難堪的正面衝突。如果對方是個非常潑悍無禮的小人，則要避免與其正面打交道，而是策略地把話說給其親朋好友，讓他們轉告給他，從而間接地制止他的惡劣行徑。

## 2怎樣與愛挑剔的主管相處

碰到愛挑剔的上司是最令人頭痛的事了，由於他的存在，你常常會處於不自信的狀態之中，因爲他老是打擊你的情緒。例如，明明你是完全按照他的吩咐去處理一件事的，過後他又指責你辦事不妥；公函內容和打字格式是他告訴你的，等你拿給他簽字時他又說這封信應該重打；你從事的是專業性很強的工作，但對你專業一知半解的上司偏偏對你的能力「不放心」等，如此這般的例子還能舉出很多。在挑剔的上司手下工作覺得自己渾身上下的汗毛都是豎著長的，左右都不是，怎麼做都讓他看不慣。

不管怎麼說，碰到愛挑剔的上司，對下屬而言，總是不利的。那麼，該怎麼辦呢？以下幾招不妨一試：

### A弄清主管的意圖

當上司交給你一項任務之時，你應該問清楚他的要求、工作性質、最後完成的期限等等，避免彼此發生誤解，應儘量符合他的要求。

**B 設法獲取領導的信任**

假如上司處處刁難你，可能是擔心你將來會取代他的位置。這時，你應該盡自己最大的努力使他安心，讓他明白你是一個忠誠的下屬，你可以主動提出定時向他報告的建議，讓上司完全瞭解你的工作情況。一旦獲得他的信任後，他便不會對你過分地要求完美的工作效果。

**C 正視問題**

不要回避問題，尊重自己的人格，不卑不亢。正視問題，嘗試與你的主管相處，針對事情，而不是針對個人。例如：上司無理取鬧的時候，你應該據理力爭，抱著「錯了我承認，不是我的錯而要我承認，恕難照辦」的態度，論理而不是吵架，讓他感覺到你的思想和人格。

一個言行一致、處事有原則的人，別人自然不會小看，就算老闆也不例外。

**D 別太計較**

不要對上司的挑剔或刁難太計較，能過去就過去。應該把自己的工作放在最重要的位置。遇到什麼樣的老闆是可遇而不可求的，如果眼前的這份工作能滿足你的要求，比如豐厚的薪水、優雅的工作環境等，那麼你就不要放棄這份工作。如果你非常愛自己的工作，想在上面做一番業績，那就盡量不要放棄目前的工作，不要把老闆的人品與鍾愛的事業同日而語。

### 3怎樣與頑劣貪婪的上司相處

頑劣貪婪的上級私欲太重，就像一個永遠也填不滿的無底洞，他的貪欲沒有止境。這些人，慷他人之慨，中飽私囊，是社會的一大蛀蟲。

遇到這樣的上級，該如何對待呢？

#### A按原則辦事

堅持原則，照章辦事，是工作人員應該遵守的紀律。不要因爲他曾經栽培、提攜過你，爲感恩戴德，就放棄原則，與其同流合汙。

如貪婪的主管想以巧立名目、偷樑換柱的方式滿足私欲，你可用「不好報帳」、「財務檢查不好過關」、「審計太嚴格」等藉口予以搪塞和回絕。使他感到你「不好對付」、「不給面子」、「太死板僵化」、「難以打開缺口」。屢次碰壁後，他就有可能有所收斂。當然，這樣做要承受極大的壓力，冒著遭受打擊排斥的風險。但如果應允了，就會越陷越深，其後果

是不堪設想的。所以，要有勇氣頂住壓力，堅持原則，堅信「多行不義必自斃」，這個亙古不變的眞理。

### B 多留個心眼

如果迫於主管的壓力，不得不按照他的意思去辦，但自己要多留個心眼兒，把一些可疑之處悄悄用本子記下來，待其事態敗露，立即交出做爲證據。如果掌握了主管貪贓枉法的確鑿證據，可採取匿名的方式，向有關部門打電話或寫信舉報。這樣不但可以爲民除害，同時也減輕了自己所受到的威脅和壓力。

## 4 怎樣與自私的主管相處

自私的主管常常考慮的只是他個人的利益，他從不站在集體的立場上考慮問題，更不會替下屬著想。爲了滿足他個人的利益，他可以置集體或下屬於不顧，甚至不惜犧牲集體或下屬的利益。在與自私的主管相處時應該注意：

### A 潔身自好

不能爲虎作倀，這種自私的人什麼事都做得出。他可能把得到的私利分你一半，但在引起眾怒時，也會把你拋出去當替罪羊。主管的任職畢竟沒有你的名聲長久，故不可與其同流合汙。

含意。

## B用沉默表示抗議

如果他的所作所爲實在過分，可用沉默表示無言的抗議。聰明的上司會領會下屬沉默的含意。

## C有原則地代上級受過

但對於有些情況來說，下屬絕不要輕易代領導受過，如十分重要的惡性事故，造成重大經濟損失或政治影響的事故，以及一些已經觸犯到法律的事情。在這些情況下，如果你仍然爲顧全上司的面子做掩飾，甚至把責任攬到自己頭上，其後果是不堪設想的，這會害了你自己。爲這樣的主管付出犧牲太不值得了。

# 5怎樣與陰險的上司相處

這樣的人做了你的上司，可眞是你的人生不幸。稍有不愼，你就有可能成爲他的報復對象。與這樣的上司相處，只有兢兢業業，一切唯上司的馬首是瞻，賣盡你的力，隱藏你的智。賣力易得其歡心，隱智易使其輕你，輕你自不會防你，輕你自不會忌你。如此一來，或許倒可以相安無事。像這種地方終不是好的久居之所，如果希望有所表現的話，勸你還是從速做遠走高飛的打算。

## 6 怎樣與傲慢的主管相處

一些人之所以顯得傲慢，不可一世，是因爲他具有別人無法攀比的優越條件，或者是高人一籌的才智。傲慢的人最容易刺傷別人的自尊心，很讓人反感。

如果你的主管是這種人物，與其取寵獻媚，自汙人格，不如謹守崗位，落落寡歡。這樣，他人雖然傲慢，但爲自己的事業著想，也不能專蓄那些食利的小人，完全摒斥了求功的君子。一有機會，你就該表現出你獨特的本領，只要你是個人才，不愁他不對你另眼相看。

# 20 如何應對同事中的小人

你是否有過以下的經驗？一天，一位與你熟稔的同事向你提出建議，一起合作幫助上司整理歷年來的開會資料記錄，雖然此舉或會增加工作負擔，卻不失爲一個表現的好機會，可以博取升職與加薪。你對於這樣的提議大表歡迎，甘願每天加班完成額外的工作，甚至沒有發出絲毫怨言。可是，你怎樣也想不到，對方竟然把全部功勞歸爲己有，在上司面前邀功，結果他獲得上司的提拔，使你又驚又怒。

爲免日後再次被對方所利用，你應該怎樣應付呢？專家的意見如下：

1常言道：害人之心不可有，防人之心不可無。如果有一位同事，建議與你一起完成額外的工作，你可以接受提議，但應當把各人所負責完成的工作部分，清楚記錄下來，留待日後做爲參考。

2假如有人向你大送高帽，稱讚你的工作能力如何驚人，無非想要讓你幫助他完成工作，你不要被對方的甜言蜜語所動，應當教導他如何處理工作上的難題，無須由你親自動手完成。

3若你對於同事的行爲與企圖有所懷疑，可以直接找上司談一談，避免徒勞無功。

4同事始終是同事，他並非你最好的朋友，你應該與對方保持一段距離。

不過，很多事情並不如表面那樣簡單，背後可能有不可告人的目的，精明的辦公室政治家必須提防陷阱，小心被你的同事暗算。

# 21 如何應對下屬中的小人

## 1對付愛嘮叨的下屬的方法

這種類型的人以女性居多，因爲其心理素質的原因，所以承受能力有限，遇事便忙成一團，無法穩定，心態動盪，好嘮叨。對待這類下屬可用以下方法：

### A多用眼少用嘴

如果你的下屬是這種嘮叨型的人，在安排工作時事先把該交待的一切都講得一清二楚，不要留下漏洞，以免她做更多的詢問。

### B不要發怒

在她嘮叨時，千萬不要發怒，要盡量以冷靜的微笑對之，既表示尊重，又使其不知你的底細，從而使其少講或不講話。

### C培養信任

當她嘮叨，你必須回答時，一定要做到回答得有分量，令其心服、口服，有了信任感，她便會言聽計從。

### D不出爾反爾

搞清情況後再發言，決不能出爾反爾。否則，會給她留下討價還價的餘地。

### 2對付自作聰明的下屬的方法

自作聰明的下屬，往往不能徹底貫徹上司的意圖，老是幫一些倒忙。他總認爲自己的主意要比主管的高明，在執行任務的過程中自作主張，改變主管的意圖。對於這樣的下屬，上司雖然氣憤，但又不好意思罵他。因爲這會使他以後不幫你，並對你反感。試想有人全心全意地爲你解決問題，你不但不欣賞，還罵他一頓，這感覺能好受嗎？既然罵之不得，唯有用軟攻。首先，多謝他們的誠意和幫忙，從正面肯定他們幫忙的價值，之後再從側面解釋一下他們犯的錯誤，最後再爲他們的錯誤找個臺階下。甚至可以在最後把錯誤歸在自己身上，是自己解釋不全，才會讓他白花精神，相信他也會十分輕鬆地接受意見。

其實，只要適當引導，自作聰明的員工，不難訓練爲有用的員工，所以不要放棄他們，這些人可能是公司重要的資源。

### 3對付自私自利的下屬的方法

對付這樣的下屬，應該用以下方法：

### A滿足正當要求

與這樣的下屬相處，對他們的合理要求應給予滿足。使他認識到你決不爲難他，應該辦的事情都會給他辦。

### B拒絕不合理要求

對於他的不合理要求，在委婉地擺出不能做的各種原因之後，巧妙地勸阻他不要得隴望蜀。

### C辦事公平

如果下級中有這樣的人，當你制定利益分配計畫時，要充分發揮同事的監督作用，將計畫公佈於眾，使大家感到是在一種公平之中進行利益分配，這樣便可避免他與你糾纏。

## 4對付陰險狡詐的下屬的方法

陰險狡詐的人屬於卑鄙的小人，他爲了自己的利益，什麼損事都能做得出來。他採取各種手段，騙取上司的信任，逐步奪取上司的權力，最終完全取代上司，這是一種十分陰險狡詐的小人權術，亟須識別。

A小人常想辦法騙取領導者的信任。

小人爲了騙取領導者的信任，可以不顧廉恥，不講道德，不惜代價，不擇手段。坑、蒙、拐、騙、吹、拍、抬、拉、吃、喝、嫖、賭、苦肉計、連環計、反間計、美人計，全都使得出來。

B小人一步步往上爬，占據重要位置，取得信任之後，小人隨之而來的，便是權力的逐漸增大，地位的逐步提高，最後成爲說話算數的實權人物。

C小人常打著領導者的旗號，指揮他的下屬。並採取各種手腕，使這些下屬逐漸投靠自己。

D小人一方面要繼續矇騙住領導者，使他對自己深信不疑；另一方面，要使他的下屬看出今後的天下非我莫屬，乖乖投靠自己、培植自己的勢力。

E等到自己控制大部分下屬，這時候，小人得勢也就不怎麼費力了。

對付這樣的下屬，首先應「防」。陰險狡詐的人善於背後使壞，暗裡插刀，放冷箭，打黑槍，讓你拿不定什麼時候給你一腳，而且小人之腳往往陰狠毒辣，上司若是防備不及，則必遭大劫，落得身敗名裂，後悔莫及。做爲上司，爲了不至於遭陰險狡詐的下屬暗算，還是首先防範一下爲好。

其次，要明辨是非，不偏聽偏信。小人都是口腹蜜劍，嘴上甜甜蜜蜜，心裡卻暗藏禍心，這正是其陰險狡詐之處。對付這樣的下屬，要洗淨耳根仔細聽，要善於聽，要善於抓住話的關鍵。認眞思考分析他說話的目的。凡事應三思而後行，只要做到知己知彼，就能百戰不殆。

再次，放長線，釣大魚。小人一般都有得志便威風的毛病。有云：「子係中山狼，得志便張狂。」所以，對付陰險狡詐的下屬，有時也可以用欲擒故縱的方法，「放長線，釣大魚」。先假裝不知，讓其盡情表演，等他原形畢露時，再巧妙揭穿他罩在臉上的虛僞狡詐的面紗，不給他容身之地。

第四，以其人之道，還治其人之身。陰險狡詐之徒善於揭人傷疤，在你最怕尷尬或不應該丟人的時候，讓你尷尬，讓你出醜。你不要生氣，你可以在適當的時機也揭他一把，把他醜惡的行徑抖露出來，讓大家認清他的醜惡嘴臉，讓他也嘗嘗難堪的滋味。

# 22 花心男人的識別方法

花心男人假如屢屢得手，必然是有恃無恐越發張狂，同時，越來越把你當傻瓜。所以，儘早識破花心男人，既可維護社會安定，也可維護你的個人尊嚴。在這個問題上，女人決不能心慈手軟，姑息養奸。

**1看他對你突然去他家的反應**

如果他是花心男人，他一定不情願帶你進他的家門，即使你要求他這樣做，他也會支支吾吾地想法拒絕。你可逕自到他家樓下，打電話給他，解釋說出來逛街湊巧路過，然後要求上門拜訪他的父母。如果他驚慌失措地出言拒絕，那一定是心裡有鬼，即使不是花心，也是難以信任的，和他交往還是小心爲是。

**2看他在公共場合對你的態度**

花心男人只會在和你獨處時百般親熱，甚至提出越位的要求，而在公共場合，他會裝出一副謙謙君子模樣，和你保持距離，更不會把你當做女友介紹給他的朋友。如果你們在一起時正好遇到他的朋友，你應要求他爲你介紹，注意他介紹你時使用的稱謂，以及他的表情。

此招若不靈，就找機會在他的朋友面前和他做一些親密的舉動，看他的反應，要是他的朋友知道他和別的女人有染，他一定會因此狼狽不堪。

### 3看他加班忙業務時究竟在哪

爲了有時間和其他女人約會，花心男人經常謊稱自己工作忙，需要加班，或者生意上有其他應酬。你可以打電話到他的單位，看他是否眞的在忙工作。這件事也可以讓你要好的朋友去做，這樣更穩當一些。如果結論是他說了謊，那你就需要重新認識這個男人了。需要指出的是，這一條務必愼重，光憑本條是沒法最終定案的。

### 4看他是否固定時間和你約會

花心男人往往要多邊作戰，所以，他會盡量固定和你約會的時間，這樣才不會發生衝突，可以避免差錯與誤會。你可選擇一個你們不常約會的時間，不打招呼，突然出現在他的面前。如果他一臉驚喜，說明他深愛著你，隨時期盼你的出現。如果他露出尷尬或驚慌的表情，縱然你是個愚蠢的女子，也一定知道是怎麼回事了。

### 5看他在你突然試探時的表情

剛和另一個女人鬼混完，來到你的身邊，花心男人也會心懷愧疚，因而，他會無來由地大獻殷勤，幫你洗衣服做家務，或送你小禮物。你可向他表示感謝，和他纏綿一番，在他自以爲高明而心懷激盪的時候，在他的耳邊輕聲地說：「昨天，我的一個朋友看見你……」如果他心裡有鬼，他一定會緊張一下，急促地問：「看見我怎麼了？」此招屢試不爽。

## 6看他收支狀況及消費的憑據

花心男人也不容易，這是一件很費錢的事，所以，即使他的收入不是個小數目，他仍會不時地囊中羞澀，因而偶爾表現出與他的收入不相匹配的吝嗇。你不要出言詢問，只須默默觀察，注意他錢的去向。如果近期無大件的購物消費，而他的錢包卻空得很快，就有必要查一查。或許，他的口袋裡有消費的收據，若是那種特別適合男女約會的場所，眞相自會不言自明。

## 7看他愛的意趣是否經常改變

男人很容易受身邊女人的影響，從而選擇不同品味與意趣的衣服，不同品牌的菸、酒等，一旦他突然改變了習慣，很可能就是他的身邊有了別的女人。

你可以買一串項鍊給他，囑咐他每分每秒都要戴著。如果他約會別的女人，他就一定會摘下這串項鍊，戴著一個女人送的飾品去和另外一個女人親熱，畢竟是一件挺忌諱的事，甚至，他會換上另一個女人送的項鍊，那就很難避免疏漏了，你只需靜靜觀察好了。

**8看他的手機狀態及接聽方式**

和一個女人約會的時候，如果另一個女人打電話來，是一件令人頭疼的事，所以，花心男人的老手都會把手機的聲音關掉，改爲振動。

在和你約會的時候，如果他的手機沒響，卻一個人溜到陽臺上去接電話，他多半有不可告人的事情。找機會留心一下他手機上的留言與電話，或許會有所發現。

**9看他身上殘留下的香水味道**

女人一般都有自己鍾愛的香水品牌，所以，如果有一天他的身上殘留著你認爲陌生的香味，那他就很可能與別的女人有染了。這是一條很古老的鑑別方法，卻很有效。

花心男人很注意隱藏身上留下來的其他女人的香味，如果你發現他違反一貫的懶惰習慣，把剛穿不久的乾淨衣服換掉，或者乾脆放到洗衣機裡去洗，那就一定是有問題了。發現容易，關鍵是對策，你可以乘他醉酒或熟睡時打電話給他，讓他猜猜你是誰。花心男人是極容易出錯的。

**10看你周邊女人對他的關心度**

據調查，花心男人常常是與你相熟的女人鬼混。花心男人很狡猾，有時候僞裝得很隱蔽，令你無從發現，但從你相熟的那個女人身上卻往往很容易發現破綻漏洞。女人都有一種獨占欲，和別人分享同一個男人是一件挺痛苦的事，所以，你會在一些細節小事上發現，她對花心男人細心而溫柔，對你卻躲躲閃閃，甚至抵觸，留下幾個並不怎麼美麗的白眼。沒有比這更能說明問題的了。

# 23 風流女人的細節特徵

風流不能算是缺點，男人女人都一樣，關鍵在於「度」。但是，瞭解你關心的女人的風流好色程度，卻對你和她相處至關重要，這叫「知己知彼」。

**1 喜歡看男模特兒廣告畫**

最喜歡出入那些有大幅男模特兒照片的服裝專賣店和手機專營店等，對貨架上的商品匆匆掃過，視線卻在男模特兒的廣告宣傳畫上停留五秒鐘以上。

**2 看電視只追蹤帥哥**

對待一部電影或電視劇，好看與不好看的判定標準就是，演員中有沒有帥哥，帥氣到什麼樣的程度，以及帥哥的數量。

**3 新同事最關心長相**

對於新來卻未謀面的男同事，最感興趣的不是他的學歷、水準和能力，而是在想他究竟是個什麼樣子呢，然後暗暗祈禱他是一個帥哥。

## 4見到帥哥特別溫柔

在聚會中，如果發現有陌生的帥哥，馬上就會變得十分有親和力，想辦法讓他主動跟她搭訕，如果沒有，就會非常懊惱傷心。

## 5逛街時盯著帥哥瞧

一個人逛街的時候眼神處游離狀態，總是從一個帥哥轉移到另一個帥哥，如果發現街上一個帥哥都看不到，會打電話給朋友發牢騷：逛街眞無聊。

## 6評價男人先評長相

對一個異性發表觀點的時候，首先會說這個男人長得如何如何，再是其他，當然，當這個人長得實在不怎麼樣時，也就懶得再說其他了。

## 7長相不同態度不同

和人打交道時，會根據他的相貌進行敏感的語言劃分，同一句話從帥哥嘴裡說出來時，就覺得是幽默，而從醜男人嘴裡說出來時，會覺得就是耍貧嘴。

## 8對帥哥容易起遐想

不管在什麼樣的場合看到帥哥，都會在很短的時間內運用女人非凡的思維去想像和他牽手、結婚、生子直至老去。

## 9對醜男人全盤否認

在書上看到一段非常有感覺的文字，就會想像著作者的模樣，當見面時發現對方一點也不帥時，就會失望得要命，覺得那些文字一定是他剽竊來的。

## 10打探帥哥刨根問底

只要聽到有「帥哥」這個詞出現，就會非常興奮，如果他是明星，會打聽他拍哪部片子、出什麼專輯，如果他是生活中的某人，便會像三姑六婆一樣不停的打聽他的名字、年齡、地址和婚姻狀況。

# 24 男人有外遇的徵兆

有的中青年男子似乎把他們的全部精力都集中在拈花惹草的越軌行爲上，他們甚至回避對自己、對工作、對家庭及對社會的全部責任，而對性榨取卻具有強烈的先占觀念，他們不惜因此而受處分、不得不調動工作或降職降薪。但他們爲何總也不接受教訓，屢教不改呢？難道外遇是不可避免的嗎？這個問題不好回答，但是，外遇是能事前察知和防範的。

可以說，這些人在不同程度上具有重大的心理障礙，做妻子的必須瞭解他們的心理特徵，以便對症下藥維持家庭的美滿與幸福。具體可從以下方面注意觀察對方：

**1外觀**

一個有外遇的男人或女人，最顯著的變化首先反映在穿著打扮等外觀形象上。一個本來對新潮服裝和打扮並不很感興趣的妻子或丈夫，突然開始左顧右盼地關心和注意起自己的外觀打扮來了，這時，你應當進一步留意他（她）是否與某位神祕的第三者有祕密的往來了。

**2時間**

本來經常準時回家的丈夫或妻子，突然變得經常晚回家或者過早離家，而且還喜歡經常打聽配偶的作息時間，如何時出差，何時加班，何時回家，以便摸清情況，利用配偶不在家或外出的間隙機會，與情人幽會。

### 3 情緒

一個已經變心而另覓新歡的丈夫或妻子，不論其如何僞裝、製造假象迷惑配偶，只要留心觀察，都不難發現其變心的蛛絲馬跡。有些有外遇的丈夫會突然對妻子變得比以往更溫柔、更熱情、更討好，有時甚至會把與情人幽會後的興奮情緒帶回家中，表現在妻子面前；而有的外遇者則相反，會突然對配偶變得比以往更冷淡、更挑剔、更無情。

### 4 習慣

有些習慣和常規的突然改變，大多都是事出有因的。例如，一個本來對單位工作並不很熱心的丈夫，突然聲稱最近工作很忙，需要加班加點，還要外出出差等。其目的是爲了利用更多的時間去與情人約會。或者，一個本來熱心於家務的妻子，突然變得疏於家務，而想辦法抽出時間去與情人約會。

### 5 性生活

性生活往往是檢驗夫妻感情好壞的試金石。一個正在變心或已經變心的丈夫或妻子，在性生活中再無平時的那種熾熱感和溫情感。對他們來說，性生活已經變得徒有其名，而失去眞實的情感內涵。如果發現配偶對性生活突然變得異常冷淡、缺乏熱情，同時又無法用疾病生理等原因加以解釋，那麼，你們夫妻間的關係肯定是出了問題。

### 6 活動

由於有外遇者的活動絕大多數是祕密進行的，爲了躲避配偶或熟人的視野，他們總是煞費苦心地尋找一切有利時機進行接觸。這時，對他們來說，時間和機會，是最重要的。爲此，他們總是尋找種種藉口，一反常態，熱心參加原來並無興趣的活動，如晨練晨舞、晚間散步、郊遊、團體聚會等。

### 7 電話

電話是外遇者常用的通訊聯絡和約會方式。但外遇者的電話往往是反應異常的。通話時常使用一些暗語或雙關語，一旦發現配偶或熟人注意時便神色慌張地掛掉電話。有時，則藉故溜出去打公用電話，或找一個冷僻的地方打電話，都是爲了隱匿其行爲蹤跡。

### 8 實證

有些搞婚外戀者儘管小心翼翼，千方百計掩蓋其活動眞相，但有時也會有所疏忽，露出馬腳。例如，將情人的情書或約會便條留在口袋或公事包裡，或者將與情人同看電影的兩張電影票忘在衣袋裡等。只要你細心查找，便可找到實證。

### 9孩子

搞婚外戀的男性，既有結婚多年已有孩子的，也有婚後沒有孩子的。無論哪種情況，凡有外遇者都不可避免地在對待孩子的問題上暴露出來。當爸爸，也可能比以前更冷酷地對待孩子。一旦發現丈夫對孩子的態度發生與以往不同的明顯變化，那麼，問題就值得深思和懷疑了。

### 10開銷

有外遇後，開銷增加。於是更加隱祕地積蓄「私房錢」，向妻子或丈夫隱瞞各項額外收入。丈夫給妻子的「外快補貼」明顯減少，而妻子每日採購的功能表日顯單調，品質下降，錢都被挪作「他用」了。

以上所列，是男人情感走私的通常表現，但這並不是說，凡有上述表現者一定都有外遇。不過，可以肯定地說，在十種表現中如果其中有五種表現同時出現，經配偶發現後仍無收斂，那麼，情感外遇的可能性就很大了。

# 25 女人有外遇的徵兆

外遇是非常隱祕的事，尤其是女人會更加小心謹慎，你的妻子是否有外遇，從她口中是很難得出正確答案的。但是，凡事都有徵兆，像地震前果樹開花、老鼠搬家一樣，做丈夫的你要留心看你妻子是不是表現反常，以判定她是否有外遇。其具體表現如下：

**1電話接通後對方不講話就掛斷**

你家裡的電話像是出了什麼毛病，當你接通時，對方卻沒有講話，你「喂」了幾聲後，對方卻把電話掛斷了。這樣的情況如果出現幾次，可能是你的她已經有外遇的訊號。

**2她突然與你爭著接電話**

過去，你家裡電話鈴聲響起時，並不一定都是你的妻子去接聽，突然從某一天起，她總是搶在你的前面去接聽電話，並且交談的聲音比往常低，交談幾句就匆匆掛斷。

**3她突然變得愛穿著打扮**

撩人的內衣通常是外遇的必備品，每當你妻子晚歸時，身上總是穿著新買的內衣（胸罩、內褲、襪子）；或者，每當你的妻子出差、旅遊、參加會議時，行李箱裡總是帶些性感的內衣，或用最好的化妝品，顯得格外年輕漂亮。

**4往常的工作習慣、生活習慣突然改變**

你的妻子工作時間突然無故延長；加班的次數變得頻繁；對單位的一切活動，如舞會、聯誼會、旅遊等參加得比往常積極。

**5人在曹營心在漢**

在家裡時，你的妻子總是坐臥不安、心神不寧，夢中囈語呼喚著一個異性的名字，以往對你的體貼一下子跑得無影無蹤。

**6談話變得反常**

你的妻子與你的談話變得越來越少，電視看得越來越多；某個異性的名字突然常在她口中提及，或者以往常提的名字突然不提了；你的妻子開始說些不像平時所說的觀點或笑話。

**7性生活習慣突然改變**

你的妻子找藉口拒絕與你做愛，做愛時不再親密地呼喚你；不過，有時候也有相反的情況：她突然變得「性」致勃勃，要求變換一些新的做愛技巧，甚至花招百出，而很多新花招都是你不知道的。

### 8行蹤可疑

你的妻子突然變得提前上班或晚歸，當你打電話找她時，總很難聯絡上；夜間加班或上進修課的時間比平常延長很多，總是不能如期而歸；有人發現你的妻子經常與異性出入賓館或飯店。

### 9她突然變得無理取鬧不盡人情

外遇的一方爲了尋找心理平衡，有時會故意找碴激怒你，這樣她自己反而覺得和你這樣暴躁易怒的人在一起，外遇也是理所當然的。

### 10可疑的物品

你的妻子經常帶回鮮花、禮物，或紀念品；你幫她洗衣服時發現情人節卡或某酒店、舞廳的優惠卡；你與妻子很久沒有過性生活了，但突然從她衣服口袋或提包裡發現保險套或避孕藥。

### 11同事、鄰居、同學、朋友看你的眼神很特別

當你的妻子有外遇時，通常知道最晚的是你自己，你的同事、鄰居、同學或朋友可能先於你知道，當他們親眼看到或風聞你的妻子有外遇時，想告訴你又擔心你承受不了，所以，他們看你時的眼神總是顯得與往常不一樣。

**12她不再企圖說服你改變壞習慣**

如果你有賭博、酗酒等不良習慣，過去你的妻子一直嘮叨著企圖勸你改掉它，可現在她卻突然不再嘮叨了。

**13不再埋怨性生活不滿足**

你的妻子過去經常埋怨性生活不能讓她滿足，但現在不再抱怨了，或許她已從情人那裡得到滿足。

**14力圖積攢私房錢**

你的妻子深陷外遇而不能自拔時，自然要爲他們在一起時的花費，甚至爲他們以後的結合做打算，這時她的財務不再像往常那樣透明。甚至連以前願意負擔的家庭支出也斤斤計較，甚至不願支付。

15你的妻子突然變得愛健美

你的妻子爲了取悅情人，會突然開始減肥，堅持做健美操，甚至常去健身房。

**16你的孩子變得特別黏人、好動**

孩子是很敏感的——母親有外遇時，孩子會很敏感地覺察到，他（她）會感到困惑，進而以爲是自己做錯了事才惹得媽媽那樣，在巨大的心理壓力下可能出現尿床、無理取鬧、做惡夢等現象。如果他們是青少年，便可能會喝酒、亂交朋友、打架，甚至會在大雨中將自己淋病。孩子的這些行為，主要是潛意識中希望藉此把母親的注意力，從外遇中拉回來。

以上所列，是女人情感走私的通常表現，但這並不是說，凡有上述表現者，一定都有外遇。不過，可以肯定地說，在十六種表現中，如果其中有八種表現同時出現，經發現後仍無收斂，那麼，她情感外遇的可能性就很大了。

國家圖書館出版品預行編目資料
相由心生：別讓外貌騙了你／萬劍聲著. -- 初版. --
新北市：華夏出版有限公司, 2023.07
面； 公分. --（Sunny 文庫；301）
ISBN 978-626-7296-12-7（平裝）
1.CST：行為心理學

176.8 112002590

Sunny 文庫 301
相由心生：別讓外貌騙了你

著 作 萬劍聲
印 刷 百通科技股份有限公司
電話：02-86926066 傳真：02-86926016
出 版 華夏出版有限公司
220 新北市板橋區縣民大道 3 段 93 巷 30 弄 25 號 1 樓
電話：02-32343788 傳真：02-22234544
E-mail： pftwsdom@ms7.hinet.net
總 經 銷 貿騰發賣股份有限公司
新北市 235 中和區立德街 136 號 6 樓
電話：02-82275988 傳真：02-82275989
網址：www.namode.com
版 次 2023 年 7 月初版一刷
特 價 新台幣 300 元 (缺頁或破損的書，請寄回更換)

ISBN-13： 978-626-7296-12-7